LE PROGRÈS

PAR LE CHRISTIANISME

PARIS. — IMP. ADRIEN LE CLERE, RUE CASSETTE, 29.

LE PROGRÈS

PAR LE CHRISTIANISME

CONFÉRENCES DE NOTRE-DAME DE PARIS

PAR

LE R. P. FÉLIX

de la Compagnie de Jésus.

Crescamus in illo per omnia qui est caput Christus.

Croissons de toute manière dans le Christ notre chef.

(ÉPH. IV, 15.)

ANNÉE 1858. — 4e ÉDITION.

PARIS

LIBRAIRIE D'ADRIEN LE CLERE ET Cie

IMPRIMEURS DE N. S. P. LE PAPE ET DE L'ARCHEVÊCHÉ DE PARIS

Rue Cassette, 29, près Saint-Sulpice.

C. DILLET, LIBRAIRE, RUE DE SÈVRES, 15.

PREMIÈRE CONFÉRENCE

PREMIÈRE CONFÉRENCE

LE PROGRÈS MORAL

PAR LA SAINTETÉ CHRÉTIENNE

Éminence,

En nous rencontrant pour la première fois sous le regard de Dieu et le vôtre dans cette grande famille chrétienne privée l'année dernière, par un malheur sans égal, de son plus grand honneur et de son plus bel ornement, nous éprouvons tout à la fois une grande douleur et une grande joie ; une grande douleur en cherchant dans nos souvenirs le père que nous avons perdu (1), une grande joie en voyant sous nos yeux le père que nous avons retrouvé (2). L'auditoire de Notre-Dame s'émeut d'une visible émotion en vous voyant apporter au milieu de nous, dans la splendeur de votre présence, ce rare assemblage des plus hautes dignités rehaussées par l'éclat de la pourpre romaine ; et l'on dirait qu'il sent rejaillir sur lui-même un reflet de ces dignités dont Dieu et les hommes semblent se complaire à poursuivre votre mérite et votre humilité. Mais ce qui nous touche plus que toutes ces grandeurs, c'est de trouver en vous ce qui est encore plus grand, l'homme de Dieu, l'homme apôtre, l'homme dévoué, qui, en se courbant sous les honneurs que lui imposaient ensemble les volontés du ciel et de la terre, a juré, je le sais, aux pieds de Jésus-Christ, d'élever son dévouement aussi haut que ses honneurs ; l'homme enfin qui, dans les situations périlleuses que la Providence peut per-

(1) Monseigneur Sibour, archevêque de Paris, mort assassiné le 3 janvier 1857.

(2) Monseigneur Morlot, cardinal archevêque de Paris.

mettre, saurait, lui aussi, se couvrir d'une pourpre encore plus glorieuse que celle qui vous décore comme prince de l'Église.

Éminence, votre illustre prédécesseur, dont la mémoire est pour nous pleine de vénération et de larmes, a donné il y a deux ans la bénédiction de sa main et de son cœur à la prédication d'un sujet qui lui semblait répondre aux besoins de notre temps : ce n'est pas pour ma faiblesse un médiocre soutien de savoir que votre sympathie se rencontre avec la sienne, et de recevoir de votre bénédiction une mission nouvelle pour la continuation d'un apostolat commencé sous une autre.

Après avoir donné à la doctrine du Progrès ses deux bases fondamentales par le dogme de l'origine et le dogme de la fin, le point de départ et le point d'arrivée, nous sommes parvenus, en montrant la voie qui mène de l'un à l'autre, à dégager des ombres qui l'enveloppent dans ces jours d'obscurité une vérité simple et lumineuse ; à savoir que le vrai Progrès *humain* consiste dans le *perfectionnement des hommes* (1).

(1) Voir les Conférences de 1856.

Recherchant ensuite quel est dans l'humanité, et spécialement dans notre siècle, l'obstacle le plus profond et le plus universel au perfectionnement des hommes, nous avons prononcé ce mot qui résumait nos dernières conférences : la *Concupiscence* (1) ; la concupiscence, ou l'amour détourné de sa fin, et, par cette déviation radicale, engendrant l'orgueil, le sensualisme, la cupidité et le luxe. Depuis ce temps, le torrent de la concupiscence n'a pas remonté vers sa source ; il a continué de marcher, roulant dans son cours des erreurs, des corruptions, des crimes. Et de temps en temps ce mal, toujours vivant au fond de notre siècle, se révèle par des coups qui ouvrent les entrailles de la société et par des lueurs sinistres qui éclairent nos abîmes (2).

Devant cette situation, je bénis Dieu qui m'envoya la pensée de vous montrer tout le mal de notre temps résumé dans ce mot : *Concupiscence*, obstacle à notre progrès, cause de notre décadence morale.

Mais, Messieurs, il ne se peut que nous en

(1) Conférences de 1857.
(2) Allusion à l'attentat du 14 janvier.

demeurions là. Après avoir montré le mal, je dois montrer le remède. Contre ce débordement de la concupiscence, qui arrête le progrès et hâte la décadence, il faut une réaction. Donc la plus grave question nous demeure à traiter. Il s'agit de savoir qui a la puissance de réaliser le progrès moral par le perfectionnement des hommes; et quelle est la force qui en se substituant à la concupiscence, principe de toutes nos décadences, met au fond de l'âme humaine le principe de tous nos progrès. Cette puissance qui accomplit le progrès moral existe-t-elle? Cette force capable de faire tomber l'obstacle à tous nos vrais progrès par une réaction efficace, qui nous la peut donner?

Ici, Messieurs, je me sens heureux de prononcer devant vous le nom le plus doux à mes lèvres et le plus cher à mon cœur : JÉSUS-CHRIST! Jusqu'ici nous avons tracé les grandes lignes du sujet, et préparé le terrain. Il s'agit de construire; et j'ai l'ambition d'appuyer sur Jésus-Christ Notre-Seigneur tout l'édifice du Progrès. C'est ma conviction d'homme, c'est ma foi de chrétien : quiconque cherche au Progrès de l'humanité un autre fondement ne creuse que des abîmes. Et parce que le progrès moral est dans cet édifice la première assise nécessaire pour le soutien de l'ensemble, c'est le premier travail que je veux tout d'abord vous montrer accompli par Jésus-Christ Notre-Seigneur.

Tel est le sujet vivant et éminemment chrétien qu'aborde cette année la prédication de Notre-Dame ; il peut se résumer en ces termes simples : Réaction efficace contre la concupiscence obstacle au progrès moral, par la sainteté chrétienne cause de notre progrès moral. Nous arriverons plus tard à d'autres horizons ; mais avant d'aller plus loin, nous ferons une halte ici. Il faut que vous entendiez bien que si Jésus-Christ achemine l'humanité sur la voie de tous ses vrais progrès, c'est pour cette souveraine raison : parce qu'il réalise dans les hommes par la sainteté la perfection morale à la plus haute puissance.

Je me contente aujourd'hui d'établir cette vérité générale et préliminaire qui doit éclairer toute cette prédication : *Jésus-Christ produit les saints ; le Christianisme est la sainteté.*

La sainteté dans ses rapports avec le progrès moral peut se définir : la perfection humaine élevée à un degré supérieur. Quels que soient sa cause efficace et le dernier mot de sa nature intime, la sainteté dans ses rapports avec le progrès moral n'est pas autre : une perfection humaine éminente. Or, je dis que la sainteté ainsi comprise est inhérente au vrai christianisme. Le christianisme vrai est la sainteté même; car il a un idéal, une vie, une histoire qui est la sainteté en personne : son idéal c'est Jésus-Christ imité par l'homme; sa vie c'est Jésus-Christ vivant dans l'homme ; son histoire c'est Jésus-Christ s'épanouissant dans l'humanité.

I

Quiconque veut atteindre une perfection et réaliser un progrès doit tout d'abord avoir un idéal, c'est-à-dire l'idée même de la perfection dont il veut approcher. L'artiste a un idéal, le poëte a un idéal, l'orateur a un idéal : tout homme enfin qui, agissant avec intelligence, amour et liberté, veut créer quelque chose, poursuit un idéal, d'autant plus parfait dans ses œuvres qu'il le produit mieux dans ses actes. Le chrétien aussi a un idéal qu'il doit poursuivre, et dont la réalisation en lui-même donne la mesure de son christianisme ; car il est d'autant plus chrétien qu'il en approche de plus près et se fait mieux à son image.

Quel est cet idéal? C'est la sainteté en personne, le Verbe incarné, l'Homme-Dieu, Jésus-Christ Notre-Seigneur. Cet idéal, tous les grands maîtres se sont exercés à le peindre sur la toile, à le sculpter sur le marbre, à le graver dans la parole, sans pouvoir jamais arriver à se satisfaire eux-mêmes par la contemplation de leurs chefs-d'œuvre. Cette figure de l'Homme-Dieu, elle est si grande et si simple, si douce et si ferme, si austère et si sereine, si majestueuse et si attirante, en un mot, si divinement harmonieuse et si divinement belle, que tout ce que l'art réalise de plus achevé, quand il veut peindre ou sculpter Jésus-Christ, laisse à l'artiste l'invincible désespoir d'exprimer jamais dans toute sa vérité divine et humaine cette inexprimable beauté. O beauté de l'Homme-Dieu, qui vous a vue dans une contemplation assez pénétrante, et qui a pu vous peindre assez dans son âme pour vous montrer à moi dans une image où mon cœur puisse vous reconnaître et s'écrier en vous reconnaissant : C'est lui! c'est l'image de celui que j'aime; c'est le portrait de Jésus-Christ!

Ce que le peintre ne peut montrer sur la toile, le sculpteur sur le marbre, le poëte dans ses chants, l'orateur dans ses discours, le chrétien a la vocation de le montrer dans sa personne. Oui, moi chrétien, j'ai cette vocation difficile mais sublime, faire moi-même de moi-même un portrait de Jésus-Christ. J'entends, j'entends mon Maître qui me crie : « Soyez parfait comme votre Père céleste est parfait; » homme, imitez la perfection de Dieu : or, la perfection de Dieu, c'est moi-même; moi, l'image de la substance du Père, moi la splendeur de sa gloire, moi la perfection divine qui vient à vous sous une forme humaine : moi enfin, qu'il faut imiter si vous voulez être parfait. Voilà, Messieurs, voilà, comme chrétien, l'idéal que je regarde, que je salue et que je dois imiter. Quiconque en rêve ou en imite un autre est peut-être philosophe, poëte, artiste, homme de génie; il n'est pas chrétien; il n'est pas l'homme du christianisme. Notre idéal c'est la perfection divine se révélant à l'âme du chrétien dans le rayon tombé sur elle du visage de Jésus-Christ; et le chrétien digne de son nom, c'est un homme qui marque son cœur, son âme, son corps, tout son être, de la profonde empreinte de Jésus-Christ; l'homme qui se fait lui-même de plus en plus un tableau, une effigie de Jésus-Christ, un autre Jésus-Christ; *Christianus alter Christus.*

Bien différent est cet idéal de celui que poursuivent des hommes qui se proclament chrétiens, et dont le christianisme n'a plus rien de Jésus-Christ. Des rationalistes parlent au dix-neuvième siècle d'un idéal qu'il faut poursuivre, d'un Christ qu'il faut imiter : mais quel Christ et quel idéal? un idéal vide, un Christ imaginaire; idéal froid comme une ombre, Christ abstrait comme une idée; l'un et l'autre, au point de vue du perfectionnement des hommes et de la vraie sainteté, stériles comme la mort. Ces hommes, dont les discours et les livres font gémir les chrétiens, s'estiment cependant les meilleurs des chrétiens, et ne sont pas éloignés de se proclamer saints; et à vrai dire, d'après les notions qu'ils donnent du christianisme et de la sainteté, on ne peut leur contester le droit de se proclamer tels. Leur doctrine chrétienne et leur science des saints est d'une merveilleuse simplicité ; ils disent en substance, souvent même en propres termes : Avez-vous l'amour du beau, vous avez l'amour du Christ. Cherchez-vous l'idéal, vous cherchez le Christ. Adorez-vous l'idéal et le beau, vous adorez le Christ. Que vous accuse-t-on de manquer de christianisme? vous êtes les vrais chrétiens. Laissez le chrétien du passé adorer ses symboles ; chrétien de l'avenir, adorez en vérité ; vous seul avez trouvé la religion du Christ.

D'après cette théorie naïve du christianisme et de la sainteté, vous le voyez, tous nos littérateurs sont des saints, tous nos poëtes sont des saints, tous nos artistes sont des saints, tous nos maîtres du Roman, du Feuilleton et du Premier-Paris sont des saints. Tous ces bienheureux élus de la pensée, de l'art et de la littérature réalisent incontestablement cette sainteté rationaliste. N'aiment-ils pas l'idéal? ne sont-ils pas voués par leur génie à l'adoration du beau? et l'idéal pour eux n'est-ce pas le Christ? Le beau n'est-ce pas le Christ? et l'adoration de ce Christ, est-ce que ce n'est pas toute la religion? Christ charmant, qui ne demande à ses adorateurs que des fleurs de littérature, des parfums de poésie et le plus pur encens des beaux-arts. Religion commode, où l'art tient lieu de culte, où la littérature remplace la vertu, et où le génie compte pour la sainteté. Chrétiens vraiment nouveaux, dont la foi n'est qu'un regard jeté sur l'idéal; dont l'espérance n'est qu'un rêve de gloire, et dont l'adoration est à genoux devant la déesse Popularité.

Messieurs, dans la situation qui nous est faite par l'abaissement des mœurs, dans le besoin de vertu qui nous presse, il ne se peut que nous prenions au sérieux cette moquerie morale et religieuse qui porte au milieu de vous le masque d'une gravité socratique. Au point de vue du perfectionnement moral des hommes, que peut, je vous prie, ce culte de l'idéal impersonnel? Suffît-il à sanctifier les philosophes qui s'en réservent le sacerdoce, qu'en conclure pour la morale du peuple, et le progrès de l'humanité? Que peut, pour créer des vertus et produire la sainteté au sein des multitudes, cette religion de l'idéal que le peuple ne comprend pas, et dont le nom même est pour lui une énigme? Où avez-vous rencontré au foyer domestique un père, une mère, un enfant sanctifié par la puissance de cet idéal abstrait, et par l'imitation de ce Christ métaphysique? Ah! ce qui est puissant, efficace, fécond pour créer des vertus et produire des saints, ce n'est pas cet idéal vague, abstrait et mort que la philosophie exalte ; c'est l'idéal déterminé, personnel, vivant; c'est celui que le christianisme montre depuis dix-huit siècles aux regards de l'humanité. Le Verbe s'est fait chair, il a habité parmi nous; et le voici offrant dans sa personne sous une forme humaine un modèle divin. Le voici, touchant d'un côté à la divinité, parce qu'il est vrai Dieu; de l'autre à l'humanité, parce qu'il est vrai homme. Ce modèle qui se fait lui-même à notre ressemblance, pour nous mieux faire à son image ; ce modèle qui a un visage pour être vu, et des yeux pour nous voir ; ce modèle qui a un corps comme notre corps, une âme comme notre âme, un cœur comme notre cœur, Dieu l'a fait si grand, et il l'a placé si haut, que l'humanité de partout a pu le voir et l'imiter.

Oh! dites-moi, l'avez-vous regardée dans sa splendide auréole, cette grande figure du Christ? La voilà au milieu des siècles et au centre de l'histoire! De tous côtés les générations la découvrent, et en la découvrant se lèvent pour la mieux voir, comme l'astre qui monte à l'horizon des peuples. Oh! qu'elle est belle cette figure de l'Homme-Dieu! Oh! qu'elle est grande cette figure de l'Homme-Dieu! Oh! qu'elle est attractive cette figure de l'Homme-Dieu! Que son regard est radieux pour éclairer nos âmes! Que son rayon est doux pour échauffer nos cœurs! et que la chaleur qui nous vient avec sa lumière est vivifiante et féconde!...

Aussi voyez comme les générations se plaisent à la regarder; comme en la regardant elles l'aiment et comme en l'aimant elles s'efforcent de l'imiter. Elles sentent que ce visage du Christ qui rayonne sur elles est vraiment leur soleil; car c'est lui qui leur donne la lumière, la chaleur et la vie. Ce soleil qui n'est plus seulement l'œuvre de Dieu, mais Dieu lui-même, elles savent que sans idolâtrie elles peuvent l'adorer, et elles l'adorent; et parce qu'elles l'adorent, elles ont besoin de l'imiter: elles subissent sous son regard la divine séduction de toutes ses vertus : elles admirent sa douceur, elles admirent sa patience, elles admirent sa bonté, elles admirent son humilité, elles admirent sa charité, elles admirent son sacrifice, elles admirent sa naissance, elles admirent sa vie, elles admirent sa mort; et elles s'écrient en l'admirant: « Voilà au visage du « Christ la perfection de Dieu; c'est notre mo- « dèle, notre type, notre idéal, il faut l'imiter: « Fils du Dieu vivant, Jésus-Christ est l'image « de la substance du Père; disciples de Jésus- « Christ, notre perfection est l'image de lui- « même. » Chacun dit en le regardant: « Je « l'imiterai; si je ne puis reproduire en moi la « perfection de mon modèle, j'en reproduirai du « moins quelque trait détaché. Moi, dit l'un, « j'imiterai son humilité. Moi, dit un autre, « j'imiterai sa charité. Moi, dit un troisième, « j'imiterai son obéissance. » Tandis que chacun s'applique à graver en lui-même un trait de Jésus-Christ, tous reçoivent dans des mesures diverses l'empreinte de l'ensemble. Chaque fraction de cette humanité chrétienne imite d'une manière spéciale une face de son Christ, mais tous l'imitent; parce qu'imiter Jésus-Christ pour se faire à son image est la première loi des chrétiens. Or, en imitant Jésus-Christ, les chrétiens se font saints dans la mesure même de cette imitation. Jésus-Christ, en se gravant lui-même dans ceux qui le regardent, l'adorent et l'imitent, grave en eux l'image de la sainteté, la sainteté elle-même. Car plus un homme l'imite, plus il est chrétien; et plus il est chrétien, plus il est saint.

Ainsi se dégage des obscurités qui l'altèrent dans notre pensée la vraie notion du christianisme et de la sainteté. Le christianisme c'est l'imitation de Jésus-Christ ; et la sainteté c'est un agrandissement de notre christianisme, c'est-à-dire l'imitation même de Jésus-Christ dans un degré supérieur. La sainteté est l'aristocratie du christianisme ; les saints ne sont que les meilleurs des chrétiens ; et, à le bien définir, le saint est un grand chrétien, chrétien héroïque ayant le courage de pousser jusqu'au bout les conséquences de son christianisme. On se plaît à faire des saints une classe d'êtres à part, une race séparée, sorte de caste ascétique investie de je ne sais quelles perfections inaccessibles au reste des chrétiens. Rien n'est plus faux que cette idée de la sainteté; volontiers on l'invoque pour se débarrasser du souci d'être saint; c'est la stratégie de la nature; il n'y a là qu'une erreur servant de prétexte à une lâcheté. Sans doute dans la vie des saints des phénomènes prodigieux se rencontrent : Dieu les honore d'une familiarité qui semble parfois les séparer de nous ; il laisse tomber sur eux des effusions de son amour dont le miracle nous étonne ; et eux répondent à ces dons de Dieu par des immolations d'eux-mêmes qui ajoutent en nous l'effroi à l'étonnement. Là sont, si vous voulez, les récompenses, les priviléges, les prodiges de leur sainteté ; ce n'est pas leur sainteté elle-même. Les saints sont ce que nous sommes, nous chrétiens; mais ce que nous sommes, ils le sont mieux que nous : nous sommes des chrétiens vulgaires, les saints sont des chrétiens éminents ; nous ne sommes que des soldats, eux sont des héros ; géants du christianisme grandis par la grâce divine et par leur propre effort jusqu'à la mesure du Christ et jusqu'à l'homme parfait.

Ainsi s'explique d'abord l'efficacité du christianisme pour créer des saints : son idéal est la sainteté même personnifiée dans l'Homme-Dieu ; et cet idéal se grave par la puissance de l'imitation dans l'âme des chrétiens pour y représenter Jésus-Christ.

II

Mais la sainteté n'est pas seulement l'idéal du christianisme, elle en est la *vie* ; vie intime d'où naît en tout vrai chrétien le besoin d'être saint.

Ce besoin de sainteté qui se manifeste en tout christianisme sincère pourrait s'expliquer déjà par la seule puissance de cet idéal dont nous venons de montrer l'irrésistible ascendant. Cet idéal, en effet, étant non une idée abstraite, mais une personne vivante, une personne aimée et adorée, on comprend que par l'effet seul de son attraction, le besoin d'être saint naisse de lui-même dans l'homme qui en porte au cœur l'amour et l'adoration. Quelle ambition plus naturelle à l'âme humaine que l'ambition de se faire à l'image de ce qu'on aime et de ce qu'on adore ? Et sous ce regard de Jésus-Christ aimé et adoré par les nations, quel besoin pouvait se produire plus spontané, plus impérieux, plus efficace, que le besoin de ressembler à Jésus-Christ?

Mais ce besoin de sainteté que l'on retrouve en tout vrai christianisme tient à une raison plus profonde; il tient à la nature, à l'essence même du christianisme vivant dans l'homme. En quoi consiste la nature intime, la substance propre du christianisme? Qu'est-ce qui constitue dans le chrétien le mystère de la vie chrétienne? En d'autres termes, quelle est l'essence, ou, si vous aimez mieux, la séve de cette vie supérieure et surnaturelle qui fait que l'homme devenu plus qu'un homme prend ce nom glorieux, *chrétien?* Tout se résume dans ces mots qui abrégent tout : *Jésus-Christ vivant dans l'homme.*

Ici le naturalisme secouant la tête se prend à sourire et dit : Qu'est-ce que ce mystère que je ne comprends pas? Cette substance superposée à la vie purement humaine n'est qu'un rêve mystique. Là, au fond de l'âme du chrétien, il n'y a que ce qui est en toute âme, l'humain, rien que l'humain. Cette vie impalpable, ce monde surnaturel que vous croyez découvrir au sanctuaire de votre vie intime, est un pieux enchantement, religieux mirage qui fait voir au chrétien comme vivant en lui-même le Dieu qu'il adore. Laissez passer sur ce mysticisme la lumière de la nature; au pur flambeau du rationalisme ces songes vont s'évanouir; dans le chrétien il ne restera que l'homme, et dans cet homme un nom qui atteste un disciple du Christ. Ainsi, dans la pensée rationaliste, le christianisme n'a qu'une valeur nominale ; c'est une relation purement dogmatique et historique entre un homme et le Christ ; mais au point de vue de la vie intime, c'est le vide, c'est le néant : et toute la réalité de la vie du chrétien n'est qu'une illusion sacrée qui lui montre au fond d'un homme le fantôme de Dieu.

Tel est le naturalisme, cette grande folie des modernes idéologues, l'homme vide de Dieu, la nature solitaire, nue et triste, portant au milieu d'elle, comme sa seule lumière, la raison avec ses lueurs vacillantes, pareille à une lampe allumée dans un sépulcre. Oui, la nature destituée du surnaturel, l'homme dépouillé du divin, voilà dans son résumé court, mais véridique, le naturalisme; démenti audacieux donné à toute religion et spécialement au christianisme, qui est la vie de Dieu dans l'humanité; panthéisme théorique et pratique dont l'essence est la suppression du surnaturel et la négation du christianisme.

Je n'ai pas à réfuter en ce moment cette grande erreur du dix-neuvième siècle : peut-être le cours des choses m'amènera-t-il un jour à l'attaquer en face : je me contente ici d'opposer à la négation rationaliste l'affirmation chrétienne. Or, cette radicale et souveraine affirmation, qu'affirme-t-elle avant tout? Elle affirme comme dogme fondamental du christianisme, comme le christianisme même,

Jésus-Christ vivant dans le chrétien. Jésus-Christ posant sous les regards du chrétien comme modèle de perfection, c'est l'idéal du christianisme ; mais Jésus-Christ vivant en nous, au centre même de notre vie, c'est la substance, c'est la sève, c'est la nature intime du christianisme.

Cette affirmation chrétienne par excellence repousse le naturalisme comme la lumière les ténèbres. Le naturalisme c'est l'homme dépouillé du surnaturel et décapité de Jésus-Christ; le Christianisme c'est l'homme vêtu du surnaturel et couronné de Jésus-Christ. Oui, je le crois, plus haut que cette vie qui fait que je puis dire: *Je suis un homme,* il y a en moi une autre vie qui fait que je puis dire : Je *suis chrétien.* Cette vie c'est Jésus-Christ vivant en moi, c'est moi vivant de la vie de Jésus-Christ ; et, comme le grand Apôtre ému au contact de cette vie divine, j'ai besoin de m'écrier devant vous : Ma vie à moi, c'est le Christ : *Mihi vivere Christus est* (1). O Paul, ô adorateur, ô amant passionné de Jésus-Christ,

(1) Philipp., I, 21.

j'en crois au cri de votre âme sentant en elle la vie de Jésus-Christ ; j'en crois à l'affirmation, je devrais plutôt dire à l'enthousiasme de mes frères les saints ; j'en crois au témoignage de mon âme qui s'anime pour affirmer devant vous le mystère de sa propre vie ; j'en crois au tressaillement de mes lèvres qui vibrent en prononçant ces mots au souffle même de Jésus-Christ ; j'en crois enfin à l'assentiment sympathique de tant de cœurs qui viennent à ma rencontre, et semblent me dire en reconnaissant dans cette parole le cri sorti d'eux-mêmes : Oui, la vie du Christ est en nous ; et c'est notre commune joie de nous sentir avec vous dans l'unité de cette fraternelle vie. Frères (quel autre nom puis-je vous donner en parlant de ce mystère où gît le secret de notre fraternité ?), frères, vous avez raison ; oui, la vie du Christ est en vous ; et votre vie et sa vie ne sont pas deux vies, mais une seule vie : *Christus vita vestra* (1). Nous sommes beaucoup ici, et pourtant nous ne sommes qu'un : *multi unum sumus ;* et le lien divin de cette unité, c'est le Christ,

(1) Col., III, 4.

multi unum sumus in Christo. Sa vie est en vous, sa vie est en moi, sa vie est en nous tous; et sa vie est tout en chacun, comme elle est tout en tous : *omnia in omnibus Christus*. Voilà mon christianisme; quiconque en prêche un autre n'est pas chrétien; et moi, du haut de cette grande chaire où la vérité chrétienne se pose et s'affirme au nom de Jésus-Christ, je le déclare un *antechrist*.

Ce mystère de la vie chrétienne caché aux sages de ce monde vous étant révélé, il vous est facile d'entendre pourquoi la sainteté est le besoin inné de tout christianisme. L'effet inévitable de cette vie est de produire dans les âmes qui la possèdent un sens nouveau qu'on peut appeler le sens intime du vrai christianisme. Toute vie suscite dans l'être vivant un sens qui correspond à sa nature, sens propre de la vie se connaissant et se sentant elle-même. Or la vie qui est au fond du chrétien constituant la substance de son christianisme, nous l'avons dit, c'est la vie de Dieu dans l'homme, puisque c'est la vie de Jésus-Christ Homme-Dieu. Il doit donc y avoir dans l'homme par le fait de son union avec Jésus-Christ un *sens* qui surpasse tout sentiment humain, sens mystique et rigoureusement divin, qui n'est autre que le sens de Jésus-Christ, que saint Paul exprimait par ces mots étonnants : Chrétiens, portez en vous le sens de Jésus-Christ : *Hoc sentite in vobis quod et in Christo Jesu* (1).

De là dans le chrétien l'intelligence de sa propre noblesse ; noblesse sans égale, obligeant celui qui la porte à tout ce qu'il y a de plus pur, de plus généreux et de plus digne de lui-même. Uni par ce contact divin à la grandeur de Dieu, il comprend la hauteur de sa descendance et l'illustration de sa race : il se sait d'une descendance divine et de la race des saints. Son association mystique à la vie même de Dieu lui révèle à toute heure sa souveraine obligation, l'obligation de refléter dans ses actes les perfections de Dieu, comme il en porte la vie au centre de sa vie.

De là encore dans le chrétien un tact de la pureté que la nature ne peut donner, et que la raison elle-même ne nous révèle pas ; tact aussi délicat qu'il est sublime et profond. L'ombre

(1) Philipp., II, 5.

seule du mal fait horreur au vrai chrétien ; le soupçon d'une souillure lui donne je ne sais quelle épouvante. Entre ce qui est impur et ce qui est chrétien, il sent un antagonisme inné et des répulsions profondes ; entre ce qui est chrétien et ce qui est pur, il sent des harmonies intimes et d'inexprimables sympathies.

De là enfin dans le chrétien ces aspirations en quelque sorte divines vers tout ce qu'il y a de plus spirituel, de plus élevé, de plus céleste, ces essors de la vie vers tout ce qui est parfait comme Dieu, saint comme Jésus-Christ, immaculé comme son auguste Mère ; et pour résumer dans un seul mot ce résultat immense, de là, au fond de l'âme humaine, ce que j'ai nommé le *besoin* d'être saint ! Oui, le besoin d'être saint, voilà ce que je voulais vous montrer caché dans ce mystère intime de la vie chrétienne. Le besoin d'être saint ! Est-ce que ce n'est pas la passion de quiconque a senti se remuer en son âme comme en son sanctuaire la vie du Saint des saints ? Le besoin d'être saint ! Mais est-ce que j'en puis éprouver un autre, lorsque je crois que mon âme a épousé

Jésus-Chrit, et contracté avec la sainteté en substance un mariage deux fois sacré? Le besoin d'être saint! Ah! quand je porte mon Christ vivant au fond de moi-même, c'est l'élan de mon cœur, c'est l'aspiration de mon âme, c'est l'entraînement de toute ma vie, c'est le cri de tout mon être. Je suis chrétien, et comme tel portant au fond de ma vie la vie de Jésus-Christ; dès lors, que faire, si je ne suis saint, à moins que de chasser Jésus-Christ de moi-même, et de briser par un crime le lien qui m'attache à la sainteté? Moi chrétien, me séparer de Jésus-Christ! je n'y puis consentir. Donc, quoi qu'il m'en coûte, je veux être saint aujourd'hui, demain, et toujours. Comme toute plante appelle sa rosée, toute fleur son soleil, toute vie son atmosphère, mon christianisme appelle la sainteté, et son invincible besoin est de produire, d'agrandir et de développer en moi ce qu'il puise au centre même de la vie de Jésus-Christ.

Voilà, Messieurs, si vous m'avez compris, ce qui vous explique pourquoi dans un homme comme dans un peuple chrétien la sainteté est le fruit spontané de leur christianisme. Partout où Dieu sème, dans une âme, une famille, une nation, elle est sa germination propre et sa naturelle croissance. Avez-vous grandi dans le christianisme, j'affirme que vous avez grandi dans la sainteté; ces deux agrandissements se suivent dans une proportion exacte. Vous êtes plus chrétien : donc vous êtes plus humble, plus chaste, plus dévoué, plus doux, plus patient, plus charitable, plus vertueux, en un mot plus saint. Votre christianisme grandissant se couvre de la parure de votre sainteté et de la fécondité de vos vertus, comme un arbre de la beauté de son feuillage et de l'abondance de ses fruits. Au contraire, avez-vous baissé dans le vrai christianisme, j'affirme que votre sainteté est descendue dans une même mesure. Vous êtes moins humble, moins chaste, moins dévoué, moins charitable, moins saint, parce que vous êtes moins chrétien. Vous pourrez recommencer cent fois cette observation, elle ne vous trompera jamais. En vain on veut faire croire à la fécondité des vertus et à la croissance de la sainteté dans des âmes vides du christianisme ; je croirais plus volontiers à la fécondité des moissons et à l'épanouissement des fleurs sans la rosée du ciel et le rayonnement du soleil. Quoi ! vous dérobez à la nature humaine son atmosphère divine ; vous lui ôtez le regard de Jésus-Christ qui est comme son soleil, vous lui retranchez la vie de Jésus-Christ qui est comme sa séve ; et vous lui demandez de produire avec des moissons de vertus les fleurs célestes de la sainteté ? Insensés ! vous faites dans l'homme le désert ; l'homme produira ce que produit le désert. Ah ! la fécondité de la vie séparée de Jésus-Christ, nous la connaissons, nous la connaissons trop ; sauf de rares exceptions, cette fécondité n'est autre que la fécondité du vice. Tout homme qui se vante de faire sortir sa vie morale des ruines de sa vie chrétienne est un menteur qui trompe les autres en se trompant lui-même. Vous prétendez agrandir vos vertus, agrandissez votre christianisme : le christianisme en s'élevant en vous y élève la sainteté qui sort de lui, et qui n'est autre que lui-même.

Et ce que nous disons d'un homme est plus palpable encore quand il s'agit d'une société. Les décroissances de sa perfection suivent invariablement les décroissances de son christianisme ; telle est la loi qui domine dans son ensemble la vie des peuples incorporés à Jésus-Christ : la décadence morale y marche d'un même pas avec la décadence chrétienne. Au contraire, essayez de semer et de faire croître dans un peuple le vrai christianisme sans y faire croître la sainteté, vous n'y parviendrez pas. Tombât-il au milieu de la nation même la plus corrompue, s'il peut y prendre racine, il fera fermenter cette masse de corruption, et sortir de ce ferment divin la sainteté des hommes, dans la proportion où il aura grandi et se sera développé lui-même.

III

L'histoire du christianisme témoigne en effet avec une évidence qui s'impose à nous comme la lumière du soleil, que partout et toujours dans l'humanité il a fait sortir de sa propre fécondité des générations de saints. Car l'histoire du vrai christianisme, c'est

Jésus-Christ lui-même s'épanouissant dans les siècles et se manifestant par des prodiges de sainteté dans les chrétiens illustres. La sainteté, c'est-à-dire la vertu sous toutes ses faces élevée jusqu'à l'héroïsme, est un fait exclusivement chrétien. L'antiquité eut des grandeurs que nous n'avons aucune raison de nier; elle a produit des poëtes, des orateurs, des littérateurs, des artistes, des philosophes, des législateurs, des capitaines, des héros, dont la gloire brille encore d'un éclat incontesté. Une chose lui a invinciblement manqué : produire des saints. Elle a fait monter des hommes sur ses autels, et leur a donné devant les peuples une auréole céleste. Mais, remarquez-le bien, ce qui faisait monter sur l'autel les grands hommes de l'antiquité, c'était la force, c'était la victoire, c'était la célébrité, c'était le crime quelquefois, jamais la sainteté. Ces demi-dieux debout sur les autels du paganisme, ce n'était pas l'homme qui montait vers Dieu à force de perfection, c'est Dieu qui descendait jusqu'à l'homme à force de dégradation; ce n'était pas la glorification donnée à l'humanité, c'était l'opprobre infligé à la Divinité. L'antiquité païenne, je le sais, a pu dans un pays fameux compter jusqu'à sept sages. Mais quand on étudie de près la vie de ces saints du paganisme, on se demande si ce nom de sage n'est pas une ironie jetée à ses philosophes par la Grèce railleuse. Quoi qu'il en soit, il est certain qu'au point de vue de la valeur morale, ces vertueux de l'antiquité ne seraient pas même au milieu de nous des chrétiens médiocres. Le chrétien qui fait son devoir, même le plus vulgaire, laisse loin derrière lui les sages de la Grèce. Au fond de leur vertu on découvre presque toujours un je ne sais quoi qui la corrompt; l'égoïsme y perce à travers le dévouement, et l'orgueil à travers l'héroïsme.

Le monde antique avec ses philosophes, ses poëtes, ses orateurs, ses héros, ses législateurs et tous ses plus grands hommes, en était là, lorsque tout à coup un phénomène inattendu étonna par sa première apparition ce monde assis avec toutes ses gloires au sein de ses corruptions. Qu'était-il arrivé ? Le christianisme venait de naître, et déjà le besoin qu'il portait dans sa vie se révélait dans son histoire. La vie de Jésus-Christ manifestée par les saints trahissait sa divinité par des vertus surhumaines; et l'histoire de la sainteté commençant avec l'histoire du christianisme déroulait dans sa première page des miracles de vertu.

Jamais, depuis cette heure fameuse, le christianisme n'a perdu dans les siècles ce caractère inimitable; il a gardé ce privilége que Dieu réservait à la seule religion vraie, le privilége de la sainteté, démonstration impérissable de la vérité. L'Église catholique en est si convaincue, qu'elle ose donner à toute intelligence ce signe de sa divinité; et à qui ne peut bien entendre la démonstration qui sort de son unité, de sa catholicité et de son apostolicité, il reste cette démonstration à jamais populaire : la puissance indéfectible de produire la sainteté.

Quand le christianisme, en effet, a-t-il cessé de produire des saints? Jamais. Suivez dans ses longs siècles le développement magnifique de la vie chrétienne : à travers le tissu varié de son histoire où les corruptions de la nature se mêlent encore aux prodiges de la grâce, toujours et partout la sainteté apparaît comme l'attestation permanente de l'élément divin qui vit dans le christianisme et se produit dans son action. Ah! cette histoire de la sainteté chrétienne, ce serait une longue et prodigieuse histoire; je ne songe pas à vous la faire; je vous dis seulement, pour vous montrer dans le christianisme la religion qui fait les saints : Regardez au commencement, regardez au milieu, et regardez à la fin.

Au commencement quel spectacle ravissant! Du sein d'un monde qui tombait en pourriture et périssait tout à la fois de la stérilité de ses vertus et de la fécondité de ses vices, un mouvement se produit, une régénération morale apparaît que je ne puis bien nommer qu'en l'appelant une explosion de sainteté. Imaginez une humanité vraiment nouvelle, une race d'hommes sans ancêtres se montrant tout à coup couronnée de toutes les vertus élevées à un degré qui dépasse la mesure de l'humaine vertu; des hommes humbles, obéissants, chastes, charitables, doux, patients, résignés, forts, courageux, intrépides, héroïques enfin dans toutes les vertus, comme on ne le fut jamais sur la terre. En faisant ce tableau du christianisme primitif, qu'on croirait une humanité idéalisée, nous avons peint trait pour trait l'humilité chrétienne. Je ne démontre pas en ce moment tout ce qu'il y a de divin dans ce phénomène que rien d'humain n'expliquera jamais, je constate un fait contemporain de la naissance du christianisme ; ce fait, c'est une floraison subite et spontanée de la sainteté, c'est-à-dire de la grandeur morale à la plus haute puissance dans des générations entières.

Direz-vous que ce fait n'est que le résultat naturel de ce prosélytisme ardent qu'on rencontre d'ordinaire au berceau des doctrines, des institutions et des religions naissantes? Alors je vous dirai : Franchissez douze siècles ; vous voilà au milieu de nos âges chrétiens. Je le demande, à ce sommet d'où l'on découvre à la fois les deux versants de toute notre vie, à ce moyen âge enfin où quelques aveugles du dix-neuvième siècle s'obstinent encore à ne trouver que décadence et barbarie, est-ce que le christianisme a perdu sa puissance de créer des saints? Au milieu de tant de choses mêlées, de tant de races confondues, est-ce que la sainteté ne pousse plus ses racines ? et le christianisme déjà douze fois séculaire a-t-il perdu la séve qui fait germer les saints ? Non, alors encore la race des saints vit et se multiplie dans l'Église de Dieu. Alors sur les sommets où Dieu se plaît à élever les saints illustres pour jeter de plus haut et plus loin sur les peuples de plus splendides reflets du visage de son Christ, on voit apparaître dans l'auréole de leur sainteté des figures d'une étonnante grandeur ; le monde chrétien voit briller au ciel de l'Église catholique des femmes comme sainte Élisabeth de Hongrie, des hommes comme saint Louis et saint Thomas d'Aquin. Et tandis que ceux-ci et tant d'autres avec eux font apparaître sur les hauteurs du monde l'astre toujours jeune de notre sainteté, des milliers d'hommes et de femmes réalisent dans des conditions plus humbles une sainteté non moins sublime. Ah ! c'est que sur ce chaos apparent que semblait former dans cet âge de grande fermentation le mélange de peuples, de races, de mœurs et d'institutions, l'esprit chrétien planait comme le souffle de Dieu au jour de la création ; de ce vaste épanchement de la vie chrétienne au sein d'une société chargée encore de tant d'éléments de corruption humaine, une nouvelle explosion de sainteté s'était faite, et le monde catholique voyait une fois de plus se lever sur lui la grande ère des saints.

Vous reste-t-il, sur l'efficacité persévérante du christianisme pour produire la sainteté, l'ombre d'un doute, alors regardez cette phase de l'histoire chrétienne qui touche à nous, et que nous sommes en partie nous-mêmes. Embrassez d'un même coup d'œil tout le cycle moderne du christianisme, et dites s'il a rien perdu de son immortelle fécondité ! Ce siècle de déchirements profonds et de secousses violentes, qui ouvrit dans les tempêtes l'âge nouveau du christianisme ; ce siècle qui vit sortir de son sein, contre ce qu'on nommait alors la corruption catholique, la protestation audacieuse qui ébranla le monde religieux et prépara les bouleversements politiques ; le seizième siècle, enfin, avait-il vu mourir dans l'Église cette séve de Jésus-Christ qui seule produit les saints ? Le siècle de sainte Thérèse, de saint Jean de la Croix, de saint Vincent de Paul, de saint François de Sales, de saint Philippe de

Néri, de saint François-Xavier et de saint Ignace de Loyola fut-il un siècle déshérité de saints? Ah! tous vous répondez : Non, mille fois non. C'est la grande voix de notre histoire ; quinze siècles écoulés, la sainteté chrétienne a fleuri sur ce vieux tronc du catholicisme dont la séve se rajeunit avec les temps ; et cette Église catholique, accusée par des enfants en révolte de n'être plus qu'une Babylone prostituée à toutes les corruptions, a montré au monde qui la calomniait sa pureté virginale, et s'est ornée elle-même pour confondre ses détracteurs d'une couronne de saints.

Et aujourd'hui même, au milieu de ce siècle dont je vous ai révélé les plaies profondes et les maladies morales, croyez-vous que nous devions désespérer de la sainteté chrétienne? croyez-vous que dans ces jours mauvais nous n'ayons plus de saints ? Des saints, ah ! le Ciel en soit béni, j'en ai rencontré dans ma vie, et comme à tous les âges de l'Église, je les ai rencontrés sous tous les costumes, à tous les rangs, dans toutes les conditions ; et en reconnaissant en eux des frères portant dans leur cœur les vertus, et sur leur front la gloire de nos premiers jours, j'ai dit en souriant à ma mère l'Église catholique : « Mère, soyez bénie ; vous êtes la religion des saints. »

Vous dites : « Où sont les saints ? je n'ai jamais rencontré de saints. » Peut-être ; et c'est le malheur de votre vie. Vous n'avez pas rencontré de saints ? Sur quels chemins les avez-vous cherchés ! Vous courez sur les chemins qui mènent à la gloire, sur les chemins qui mènent à la richesse, sur les chemins qui mènent au plaisir, peut-être sur les chemins qui mènent à la débauche ; et vous n'avez pas rencontré les saints ? Ah ! je comprends, la vie des saints suit d'autres sentiers. Allez sur toutes les routes qui conduisent à la vertu, sur toutes les routes qui conduisent au dévouement, à l'abnégation, au sacrifice ; allez enfin au chemin de la croix ; là vous trouverez les saints marchant sur les traces du Crucifié, et avec lui demandant à son Calvaire le progrès de l'humanité ; là vous retrouverez le christianisme tel aujourd'hui qu'il fut dans tous les siècles, et dans tous les peuples chrétiens la religion qui fait les saints. Les saints sont à son berceau ; les saints sont au milieu de sa vie ; et les voici encore sous nos regards, montrant dans la sainteté contemporaine les fruits de son inépuisable fécondité, et attestant par la perpétuité de ce miracle toujours ancien et toujours nouveau, que comme dans le christianisme la vérité est indéfectible, la sainteté est immortelle. Ainsi, tout le révèle et le proclame, *le christianisme, c'est la sainteté*. J'en atteste l'idéal qu'il poursuit; j'en atteste le besoin invincible qu'il porte au fond de ses entrailles ; j'en atteste toutes les grandes phases de son histoire.

Dès lors, Messieurs, entre le christianisme vrai et le christianisme faux, le discernement est facile. Le christianisme vrai produit des saints; le christianisme faux ne produit pas de saints. Et maintenant regardez autour de vous; où sont les doctrines, les enseignements, les institutions, les hommes, les apostolats qui produisent des saints? Quels saints produisent vos philosophies? quels saints vos académies? quels saints vos athénées? quels saints vos livres? quels saints vos apostolats, alors qu'ils ne lèvent pas le drapeau de Jésus-Christ? O littérateurs charmants, ô écrivains diserts, ô adorateurs de la raison, ô apôtres du Progrès, ô soldats de l'idée, vous qui vous nommez chrétiens, et qui faites la guerre au christianisme, où sont les saints que vous avez produits? où est le jeune homme que vous avez fait humble? où le jeune homme que vous avez fait chaste? où le jeune homme que vous avez fait saint? Qu'est-ce que ce christianisme qui ne produit rien de ce qu'en tout temps et en tout lieu a produit le christianisme? Il reste des saints de nos jours : ceux qui repoussent l'orgueil du siècle, la cupidité du siècle, le sensualisme du siècle; ceux qui méprisent d'un cœur élevé et foulent d'un pied vainqueur toutes les idoles du siècle. Ces saints, qui les produit? Le christianisme de l'Église catholique : non ce christianisme faux qui, tout en gardant le nom du Christ, donne la main droite à Mahomet et la main gauche à Zoroastre ; christianisme adultère où Confucius et Bouddha ont leur rang hiérarchique à côté de Jésus-Christ !...

Entre ce christianisme vrai et ce christianisme faux, il est temps que la séparation se fasse ; il est temps que l'on sache où sont les vrais chrétiens ; il faut qu'aujourd'hui encore, comme il y a dix-huit siècles, nous les reconnaissions à ce signe : la *sainteté ;* et que, comme saint Paul disait aux premiers chrétiens : Aux saints qui sont à Corinthe, aux saints qui sont à Rome, aux saints qui sont à Thessalonique, nous puissions dire, nous aussi, en vous envoyant la parole de Jésus-Christ : Aux saints qui sont en France, aux saints qui sont à Paris. Brisons avec ce christianisme blasphémateur où l'on peut nier la divinité de Jésus-Christ sans apostasier la religion de Jésus-Christ. Brisons avec ce christianisme impur où l'on peut satisfaire ses passions sans renier pratiquement la morale de Jésus-Christ ; brisons avec ce christianisme cruel où l'on peut méditer l'assassinat de ses frères sans mentir à la fraternité de Jésus-Christ. Brisons enfin avec ce christianisme où Jésus-Christ Dieu-Homme n'est plus ni l'idéal, ni la vie, ni l'action des chrétiens ; impuissant à tout jamais à produire avec la sainteté le vrai progrès moral. Entre le christianisme légitime et ce christianisme bâtard, l'heure est venue de choisir ; choisissez : l'un est la décadence, l'autre est le progrès.

DEUXIÈME CONFÉRENCE

DEUXIÈME CONFÉRENCE

LE PROGRÈS MORAL

PAR LA SAINTETÉ CHRÉTIENNE

(SUITE).

ÉMINENCE,

Le christianisme vrai a un caractère qui le distingue et le fait partout reconnaître : la puissance indéfectible de produire des saints. La sainteté est l'idéal du christianisme ; la sainteté est la vie intime du christianisme ; la sainteté est l'histoire du christianisme. L'idéal du christianisme, c'est Jésus-Christ notre

Seigneur, c'est-à-dire la sainteté divine en personne, posant devant nos regards sous une forme humaine, et gravant dans l'âme du chrétien avec sa propre image l'effigie de la sainteté. La vie intime du christianisme, c'est Jésus-Christ encore, mais Jésus-Christ vivant dans le chrétien : or, le besoin de cette vie divine constituée en nous par Jésus-Christ vivant en nous, c'est tout ce qui est parfait comme Dieu, saint comme Jésus-Christ. De là, dans les vrais chrétiens, le besoin d'être saints. L'histoire du vrai christianisme, c'est Jésus-Christ toujours, mais Jésus-Christ s'épanouissant dans les espaces et les siècles, et manifestant sa vie par l'action des chrétiens.

Tel est le christianisme : vu sous toutes ses grandes faces, il nous découvre le même caractère, la sainteté, toujours la sainteté. On peut fermer les yeux pour ne pas voir ce phénomène, comme on peut fermer les yeux pour ne pas voir le soleil ; on peut essayer d'en voiler la splendeur et d'en amoindrir les proportions ; mais il demeure ; il plane au-dessus de la région des préjugés, dans son inaltérable éclat et son inviolable majesté.

Cette vérité, Messieurs, est dans le sujet que nous traitons d'une portée immense ; car s'il est certain que le christianisme est la sainteté, il est d'une certitude pareille que la sainteté c'est le progrès : c'est la grande impulsion donnée au progrès moral, et par suite à tous les autres progrès. Avez-vous jamais médité ce procédé si divinement simple employé par Jésus-Christ pour réformer le monde et inaugurer le progrès des nations ? Jésus-Christ demande avant tout à l'homme ce qui pour lui vaut mieux que tout; quoi donc ? sa propre perfection. Jésus-Christ nous dit à tous ce mot divin du progrès : *Estote perfecti;* soyez parfaits. Il ne demande pas d'abord la perfection dans la science, la perfection dans l'art, la perfection dans la législation, la perfection dans le bien-être. Il ne dit pas : Faites du progrès scientifique, du progrès artistique, du progrès littéraire, du progrès matériel, du progrès social ; il dit : Faites du progrès *humain;* devenez des hommes parfaits. Rendre les hommes parfaits en les refaisant à l'image de Dieu et en les ramenant à leur fin, c'était la mission souveraine du divin Réformateur ; c'est la préoccupation qui domine toute sa vie ; et vous croiriez qu'il néglige ou dédaigne tout le reste. Cependant, en laissant dans un oubli apparent tous les autres progrès que proclament et prophétisent d'abord les réformateurs humains, Jésus-Christ en préparait d'avance dans le progrès de l'homme les germes féconds et l'aboutissement heureux. *Quærite primum regnum Dei, et hæc omnia adjicientur vobis.* Faites du progrès en vous-mêmes, et vous ferez du vrai progrès dans la science, du vrai progrès dans les arts, du vrai progrès dans la législation, du vrai progrès dans l'industrie, du vrai progrès dans la société ; la perfection des hommes empêchera tous leurs progrès de dévier de leur route ; et tout marchera dans une harmonie, une fécondité et une grandeur toujours croissantes au but suprême de la création.... *Quærite primum regnum Dei* (1). Cherchez d'abord le règne de Dieu en vous ; or le règne de Dieu dans l'homme, c'est l'homme se faisant de plus en plus lui-même par sa sainteté à la ressemblance de Dieu.

(1) Matth., vi, 33.

Ainsi ce divin architecte a conçu et construit divinement l'édifice du progrès : il a mis la sainteté à la base, au centre et au sommet ; cet édifice est un temple où lui-même est partout, et dont les hommes parfaits sont les pierres vivantes. Par là, Jésus-Christ a fait une chose décisive pour les destinées du monde, il a placé les saints à la tête du progrès ; vérité élémentaire aujourd'hui trop oubliée, que je vais essayer de mettre dans tout son jour, en montrant dans ce discours que les saints sont les vrais promoteurs, les vrais chefs du progrès humain.

Peut-être cette affirmation inattendue étonnera quelques hommes. Le siècle, qui fait si petite la fonction des saints dans la marche de nos destinées, trouvera presque nouvelle une idée si ancienne dans le christianisme. Cette vérité, je le sais, n'a pas aujourd'hui l'universelle popularité qui l'environna dans d'autres temps. Mais ce n'est pas à la popularité, c'est à la vérité que nous demandons la puissance de la parole. S'il fallait, pour vous sauver, dire la vérité impopulaire, nous vous dirions sans hésiter la vérité impopulaire. Mais, Messieurs, j'apprends chaque jour à vous mieux connaître; et j'estime que cette vérité, en se montrant à vous, sera accueillie de vous tous, non comme une vérité impopulaire, mais comme une vérité sympathique.

I

Oui, Messieurs, les saints sont sur la terre les vrais conducteurs du progrès de l'humanité. J'en donne cette raison dont le développement va former ce discours : Les saints sont en eux-mêmes les hommes les plus réellement progressifs; et le mouvement qui les emporte se communiquant à l'humanité qui les touche, ils deviennent par la force des choses la grande impulsion du progrès dans le monde.

Et d'abord, pourquoi les saints doivent-ils être nommés les hommes les plus progressifs? Parce qu'ils sont réellement les plus grands hommes de l'humanité, et que leur grandeur est une grandeur dans l'ordre.

Je pourrais vous dire que les saints ne sont, comme tels, étrangers à aucune des grandeurs qui font les hommes illustres. Ils ne sont pas déshérités fatalement des dons que la Providence laisse tomber dans l'âme des bons comme dans l'âme des méchants. Le génie n'est pas nécessairement uni à la sainteté, mais il n'en est pas non plus nécessairement séparé. Or, lorsque Dieu allume dans l'âme des saints cette flamme invisible qu'on nomme le génie, voici d'ordinaire ce qui arrive. Les saints produisent les plus belles œuvres de l'homme, et ils deviennent les plus grands, même dans ce qui ne constitue pas l'originalité de leur grandeur : les plus grands des philosophes, s'ils sont des philosophes ; les plus grands artistes, s'ils sont des artistes ; les plus grands politiques, s'ils sont des hommes politiques ; les plus grands capitaines, s'il sont des capitaines ; et, s'ils sont rois, les plus grands des rois.

Pourquoi ? D'où vient dans les saints cette grandeur éminente, cette incontestable supériorité ? C'est que, le génie supposé égal, les saints ont plus que tous les autres l'instinct du vrai qui fait les grands philosophes, le sens du beau qui fait les grands artistes, le génie de l'ordre qui fait les grands politiques, le dévouement à la patrie qui fait les grands héros, l'amour des peuples qui fait les meilleurs des rois, la passion du sacrifice qui fait les grands bienfaiteurs de l'humanité et les vrais sauveurs des nations. De l'union du génie et de la sainteté dans le philosophe naît la plus haute philosophie, et cette philosophie se nomme saint Augustin ou saint Thomas d'Aquin. De l'union du génie et de la sainteté dans l'orateur naît l'éloquence la plus puissante, et cette éloquence se nomme saint Bernard ou saint Chrysostome. De l'union du génie et de la sainteté naît dans les artistes l'art le plus pur et le plus céleste, et cet art se nomme Beato Angelico. De l'union du génie et de la sainteté dans les hommes de guerre et de gouvernement naissent les plus grands capitaines et les plus grands rois, et ces capitaines et ces rois se nomment, en Espagne, Ferdinand le Saint, en Angleterre, saint Édouard, et, en France, notre incomparable saint Louis. Enfin, de l'union du génie et de la sainteté dans les hommes qui ont reçu la vocation de secourir et de sauver naissent les sauveurs les plus illustres et les bienfaiteurs les plus fameux de l'humanité, et ces sauveurs se nomment saint Léon ou saint Grégoire, tous deux surnommés Grands.

Les saints ne sont donc, comme tels, étrangers à aucune vraie grandeur de l'homme, à aucun vrai progrès du monde. Science, philosophie, arts, littérature, poésie, éloquence, industrie, économie, législation, administration, gouvernement, héroïsme militaire : tout ce qui est vrai, beau, légitime, grand, se concilie avec la sainteté, et a eu dans des saints ses personnifications les plus illustres.

Mais, Messieurs, là n'est pas ce qui fait surtout des saints les hommes du progrès. Il y a dans les saints quelque chose de plus grand que toutes ces grandeurs : c'est leur sainteté. Le saint comme tel est plus grand que le philosophe, plus grand que le poëte, plus grand que l'artiste, plus grand que le conquérant, plus grand que le politique, plus grand que le législateur, plus grand enfin que tout ce qui est de l'homme. Les saints sont, comme saints, les vrais rois de l'humanité. C'est que la sainteté, c'est la perfection de l'homme ; c'est le mérite personnel, c'est la valeur humaine agrandie par la grâce divine. Plus un homme est saint, plus il vaut comme être humain, plus il est homme. Les autres grandeurs dont nous venons de parler sont des attributs, des privilèges, des prérogatives, des ornements de l'homme ; mais la sainteté c'est l'homme même, l'homme grand de sa vraie grandeur, l'homme couvert de sa plus haute majesté. Oui, Messieurs, là est la vraie grandeur de ces rois de l'humanité. C'est par là qu'ils constituent cette aristocratie qui les élève plus haut que le niveau général ; c'est par là enfin qu'ils sont les *meilleurs* des hommes, les véritables grands hommes.

Dans un langage consacré par un usage que je ne prétends pas réprouver, les hommes illustrés par la science, la parole, l'art, la littérature, la conquête, le gouvernement, sont appelés les *grands hommes*. Pour les bien nommer, on devrait peut-être dire : Ce sont de grands penseurs, de grands philosophes, de grands artistes, de grands orateurs, de grands conquérants, de grands politiques ; car on peut être ce qu'ils sont, et ne porter pas en soi la vraie majesté de l'homme. Il y a bien des hommes salués du nom de grands, et qui, au point de vue de notre vraie grandeur, seraient trouvés petits : le génie lui-même compte peu dans cette balance où les hommes ne pèsent que de leur propre poids. Quoi qu'en pense la poésie, la vérité ne dira jamais que le génie soit une de nos vertus. Mais elle dira toujours à qui voudra l'entendre, que le véritable grand homme, c'est le saint, parce que le saint est grand de sa grandeur personnelle : il est le plus magnanime, le plus désintéressé, le plus dévoué, le plus charitable, le plus intrépide, le plus patient, le plus fort et le plus doux, le meilleur de toute manière, le plus semblable à Dieu, et, si je puis le dire, l'homme plus grand que l'homme, l'homme le plus divin.

Aussi, voyez comme toutes les âmes élevées devinent dans la sainteté cette grandeur originale. Quand elles se trouvent en présence d'un saint, elles sont averties, par le besoin de respecter qui les envahit, qu'elles ont subi le contact d'une majesté plus vénérable que tout ce que l'on révère dans l'homme. On sent la grandeur dans les saints, comme on sent la noblesse dans une illustre race. Leur visage même s'empreint sans qu'ils y songent du reflet de cette grandeur que la sainteté leur fait au fond de l'âme. Le visage des saints est un spectacle où leur grandeur se trahit aux regards; leur physionomie ne ressemble à aucune autre, elle a une beauté, une harmonie, une majesté, que les peuples païens ne lui ont pas connue, et qui a pour l'art même des conséquences que nous pourrons examiner plus tard. Voilà pourquoi les artistes qui ont gardé, je ne dirai pas le sens du pur christianisme, mais le sens de la grandeur humaine, se sentent attirés par un charme qui ne peut tarir vers ces incomparables figures : on dirait qu'ils voient passer sur ces visages l'idéal qu'ils poursuivent; et ils sentent, à peindre ces physionomies si prodigieusement empreintes du rayon divin, je ne sais quelles célestes émotions qui transfigurent leur art et quelquefois transforment jusqu'à leur propre cœur.

Et ce que nous disons ici de cette grandeur des saints, dont leur front porte le reflet visible, doit se dire de tous les saints, quelle que soit la perspective que le temps leur fait par rapport à nous. Des écrivains diserts, plus ingénieux qu'il ne faut à poursuivre la nuance, distinguent ici entre les saints de nos âges antiques et les saints de nos temps modernes. Les saints du christianisme primitif, ceux même du moyen âge ont de la grandeur, et posent sous nos regards avec quelque majesté ; on veut bien le reconnaître, ces saints, comme on les appelle, *à l'ancienne manière, sont de hautes statues fièrement posées, représentation du côté idéal et divin de la nature humaine*. Mais hélas, si j'en crois nos hagiographes nouveaux, les saints des temps modernes sont bien changés : ils ont, à ce qu'il paraît, un air *grêle*, *mesquin*, *insignifiant*, et, pardonnez le mot, que je ne fais que redire, ils ont l'air *étriqué*. Tel est le signe caractéristique qui distingue les saints plus rapprochés des saints plus éloignés de nous. Nous constatons pour l'histoire et signalons aux suffrages du siècle cette découverte de notre génie, et ce progrès de notre critique.

Nous pourrions peut-être avec quelque justice demander, à notre tour, quelle est dans leur manteau philosophique au dix-neuvième siècle la majesté des nouveaux Platons et des nouveaux Socrates qui font ces réflexions profondes. Ils n'ont pas au front pour agrandir nos respects une auréole d'antiquité. Nous ne les en estimons pas moins : ce n'est pas leur faute si nous ne pouvons les regarder à travers vingt-quatre siècles. Peut-être Socrate et Platon, marchant sous nos regards, ne feraient pas plus grande figure que les modernes philosophes. Nous voulons bien en convenir. Mais alors pourquoi se plaire à tant abaisser la physionomie des saints modernes? Manifestement, la figure des saints emprunte au lointain des siècles un prestige qui les grandit dans la pensée populaire ; et je comprends qu'aux yeux des hommes qui veulent être avant tout littérateurs et artistes, les saints modernes posent avec moins de majesté que saint Paul devant l'aréopage. Mais ce n'est là dans la grandeur des saints qu'un point de vue purement esthétique; et ce serait abaisser au-dessous d'elle-même la dignité du sujet, de discuter ici ces curiosités frivoles. Vus dans la lumière de la foi, et même de la raison, mis en face de la question qui nous occupe, anciens ou modernes, canonisés il y a quinze siècles ou canonisés hier, les saints sont toujours les saints, c'est-à-dire l'humanité agrandie, l'homme élevé plus haut que la nature humaine.

Que l'homme de la littérature et de l'archéologie, pour le besoin de son art et de sa science, se montre ingénieux à diminuer ou à agrandir la physionomie des saints ; qu'il les trouve magnifiques drapés à l'antique, et misérables vêtus à la moderne, je puis m'en affliger, je ne saurais m'en étonner. Il manque un sens à cet homme, le sens de la grandeur des saints. Il les voit à la surface, mais leur fond lui échappe ; leur vie lui demeure un mystère. Heureusement ce sens de la grandeur des saints ne manque pas aux peuples chrétiens : de quelque distance qu'ils les saluent, de loin ou de près, ils leur trouvent la même auréole, et ils leur gardent les mêmes respects. Les saints de tous les siècles leur apparaissent invariablement les plus grands hommes de l'histoire, dignes d'élever avec eux-mêmes l'humanité entière, en un mot les hommes du Progrès.

Mais au point de vue où nous sommes, grandir ce n'est pas tout ; pour être vraiment *progressif*, il faut grandir dans le sens de la destinée ; il faut porter en soi la grandeur, mais la grandeur dans l'ordre. Les autres grandeurs que l'homme peut réaliser en lui-même ne sont pas des grandeurs essentiellement progressives, parce qu'elles ne sont pas nécessairement coordonnées par rapport à la fin. Grandeur dans la science, grandeur dans l'art, grandeur dans la conquête, grandeur dans le génie, tout peut dévier, et ne dévie que trop de sa fin légitime ; et par ces déviations de la science, de l'art, de la conquête et du génie, l'humanité rétrograde et reçoit de ceux qu'elle salue ses grands hommes des blessures profondes. Savants, artistes, lettrés, politiques, conquérants, tous la blessent de l'arme que le génie met en leur main ; et l'humanité à travers l'histoire passe couverte des cicatrices que lui laisse pour des siècles la gloire des hommes illustres.

Eh bien, Messieurs, voici une grandeur qui ne nous a jamais fait rétrograder d'un pas ; c'est la grandeur des saints ; voici une illustration qui n'a infligé à l'humanité aucune cicatrice, l'illustration des saints. Pourquoi ? Ah ! c'est que l'illustration des saints est par sa nature une illustration essentiellement légitime ; c'est que la grandeur des saints est une grandeur nécessairement ordonnée. La sainteté est par essence l'homme dans la plénitude de l'ordre, donc dans la plénitude de la perfection. La sainteté ne peut pas dévier : si elle dévie, elle n'est plus l'ordre, elle n'est plus la sainteté. La sainteté est un agrandissement de l'homme, mais c'est un agrandissement dans le sens de la destinée : c'est une élévation et une marche de la vie ; une élévation de la vie en elle-même, une marche de la vie vers son but.

Messieurs, si vous ne regardez qu'à la surface, cette considération vous paraîtra peu de chose; et pourtant c'est tout. Car, si le progrès demeure pour nous une énigme, un mystère, un mensonge, c'est que nous n'entendons pas assez cette harmonie des choses, si simple et pourtant si profonde. Le progrès est un pas en avant, et un pas en avant est un pas vers le but : c'est ce que nous avons établi il y a deux ans. Ah ! je vous en prie, ne perdez pas de vue cette pure étoile de la fin dernière, qui seule vous fait connaître la marche des siècles, comme l'étoile polaire vous fait connaître le mouvement des soleils qui marchent dans les cieux. Comme cette brillante armée qui se meut dans les champs de l'espace pour accomplir sa destinée, marcher dans l'ordre pour atteindre votre but et vous reposer en Dieu, oui, c'est la loi du progrès. Vous avez accepté du progrès cette définition : *une libre gravitation de l'humanité vers Dieu.* Dans ce mouvement volontaire et libre, par lequel l'homme, secondé par le souffle de la grâce, se meut lui-même vers le centre qui l'attire, plus l'humanité suit la voie droite, plus son harmonie est belle, plus son progrès rapide. La voie du vrai progrès, c'est la ligne droite qui va de l'humanité à Dieu. Tous les systèmes ne feront pas fléchir cette géométrie que l'on découvre même au fond de la morale, et qui soutient comme une base éternelle tout l'édifice du progrès : le progrès, c'est la ligne droite de l'humanité.

Or, les saints, parce qu'ils sont saints, sont essentiellement les hommes de la ligne droite ; leur vie est un essor vers le but. Alors même qu'ils se plient pour tourner une difficulté, ils ne se détournent pas ; ce sont les seuls hommes qui ignorent les *détournements.* Que de savants se détournent, que d'artistes se détournent, que de conquérants se détournent, que de politiques se détournent de la rectitude qui conduit à Dieu l'homme créé pour arriver à Dieu! Les saints ne se détournent jamais; jamais ils ne quittent la route où passe toute vie qui cherche Dieu; grande route du progrès, où la vie ne peut reculer sans être rétrograde, et où elle ne peut avancer sans être progressive; route montante mais droite, tracée à l'homme par le doigt du Créateur à travers les abîmes du temps; que l'on ne peut quitter tout à fait sans rouler de chute en chute jusqu'à l'enfer, terme suprême de toutes les décadences; et que l'on ne peut suivre jusqu'au bout sans marcher de perfection en perfection jusqu'à l'éternel embrassement de Dieu, terme suprême de tous nos progrès.

Ah! les voyez-vous d'ici ces chefs du vrai progrès du monde, comme ils marchent sans dévier de la route, ni à droite ni à gauche? Le regard ouvert sur l'infini, le cœur fixé sur l'Éternel, ils montent vers leur centre divin; ils montent, courageux, persévérants, héroïques. Autour d'eux des hommes et des peuples s'écartent, ou tombent emportés loin du terme au penchant des décadences; les saints marchent et montent toujours ; ils montent, la croix sur les épaules, le chemin du Calvaire, le seul qui conduit au terme, et ils crient en montant par la voix de leurs exemples aux générations qui les regardent : « Frères, « donnez-nous la main ; allons au terme, « allons à Dieu, allons au Progrès. »

Messieurs, répondons tous à cet appel des saints : allez, suivez leurs traces ; vous les trouverez toujours au chemin du vrai progrès. Acceptez la main qu'ils vous tendent ; connaissez, aimez, fréquentez les saints : touchez de l'âme et du cœur à ces hommes les plus fraternels et les plus progressifs ; eux-mêmes ne toucheront à vous que pour vous élever jusqu'à eux, et vous élever d'un vol sublime et fort comme celui de l'aigle, vers les sommets de la perfection où s'élancent devant vous ces illustres chefs de toute humanité progressive.

Ainsi font les saints. Non-seulement ils sont en eux-mêmes des hommes du progrès ; le mouvement de leur vie se communique à tout ce qui les touche ; et c'est par là qu'ils deviennent la grande impulsion du monde moral, les vrais conducteurs du progrès humain.

II

Comme les saints, à force de regarder leur divin idéal, se font peu à peu à la ressemblance de Jésus-Christ; les peuples chrétiens, à force de sentir sur eux-mêmes l'influence de leurs vertus, se font à la ressemblance des saints, et montent avec eux par l'imitation de leurs exemples vers une commune grandeur.

Pour mesurer dans toute son étendue l'essor prodigieux que la vie des saints a communiqué et communique encore au progrès moral des nations, il faudrait pouvoir vous faire embrasser d'un même regard l'action de la sainteté sous toutes ses formes et dans toutes ses conditions. Ne pouvant parcourir les détails, je me borne à vous montrer l'influence progressive de la sainteté sous les trois grandes formes qui les résument toutes.

Et d'abord je découvre comme le plus grand ressort du progrès moral des nations chrétiennes l'action de la sainteté *sacerdotale*.

Le sacerdoce catholique, Messieurs, exige

dans tous ceux qui en assument sur eux le fardeau redoutable la perfection chrétienne dans un degré supérieur, c'est-à-dire la sainteté telle que nous l'avons définie dans son sens le plus général. La sainteté n'est pas seulement pour le prêtre un ornement, une gloire, une auréole; c'est une condition normale de sa vie. Il porte la sainteté dans son nom, parce qu'il doit la porter dans son âme. Le caractère, la fonction, l'apostolat, le sacrifice, la communion de chaque jour, tout en lui non-seulement appelle, mais suppose la sainteté. Si le chrétien vit dans le divin, se meut dans le divin, respire dans le divin, puisqu'il vit, se meut et respire en Jésus-Christ; que dirai-je du prêtre? Lui est la représentation officielle de la sainteté de Dieu parmi les hommes; lui est l'ambassadeur du Dieu trois fois saint, portant le reflet de la sainteté divine, comme l'ambassadeur d'un roi le reflet de la majesté royale : lui est, à la lettre, l'homme de Dieu, *homo Dei*, c'est-à-dire ce qu'il y a de plus grand et de plus saint dans l'humanité après l'homme-Dieu lui-même.

Telle est la loi de notre vie; je la proclame

devant mes frères dans le sacerdoce, et devant vous, mes frères dans le christianisme. Cette proclamation peut nous humilier, mais vous avez droit de l'entendre. Oui, notre sacerdoce royal nous fait cette vocation et cette loi : *être des saints*. Vous en êtes si profondément convaincus, que quand le prêtre catholique n'a plus rien au front qui annonce le saint, il vous apparaît méconnaissable; et lorsque la vertu lui manque tout à fait, tombé plus bas dans votre pensée que le vulgaire des chrétiens, il descend dans votre estime même au-dessous de l'homme : il devient un je ne sais quoi qui n'a plus de nom dans le langage, plus de rang dans la création, et dès lors plus de place dans vos respects. Malgré tant de choses vénérables que votre foi découvre encore en lui, il semble vous enlever par rapport à lui seul la puissance de respecter; et vous le couvrez d'un mépris que vous ne laissez tomber sur aucun être avili. Tant le vice dans le prêtre apparaît monstrueux; tant c'est la conviction de tous que la sainteté est dans le sacerdoce la condition normale, une loi de sa noblesse.

Or je dis qu'il est impossible qu'une pareille institution venant à couvrir la terre n'imprime pas à l'humanité une vaste impulsion vers la grandeur morale. Nous sommes en France quarante mille prêtres. Combien dans tout le monde catholique ? Je l'ignore. Je suppose deux cent mille. Cela veut-il dire : Nous voici deux cent mille saints? Non; mais cela veut dire : Nous voici deux cent mille hommes obligés en vertu de leur profession, non-seulement à la probité, à la justice, à l'honnêteté, mais à la sainteté : deux cent mille hommes qui ont fait le serment de ne pas se contenter d'être des honnêtes gens, ni même des chrétiens vulgaires; deux cent mille hommes qui ont juré sur l'autel où ils adorent Jésus-Christ de détruire le règne du mal sur la terre, et qui ont accepté l'obligation de combattre tous les vices en suscitant toutes les vertus. Où y a-t-il, je vous prie, une institution si directement et si puissamment organisée pour le progrès moral des nations?

Vous dites : Chaque prêtre ne réalise pas cette perfection du sacerdoce. Vous avez raison, et il est d'une merveilleuse facilité de réunir de tous les points de l'espace et de la durée des prévarications qui semblent voiler aux yeux la sainteté sacerdotale : c'est un triomphe que se donnent l'impiété et la mauvaise foi pour le scandale des peuples. Mais là n'est pas la question : qu'un prêtre se souille de crimes, l'institution demeure avec son caractère et sa vocation de sainteté. Étant données la faiblesse de la nature et la pureté de l'institution, voici ce qui doit résulter : d'un côté, des prévarications partielles qui font rétrograder des hommes; de l'autre, un vaste mouvement d'ensemble qui fait monter l'humanité. Comptez depuis dix-huit siècles tous les prêtres fidèles à leur vocation deux fois sainte; comptez tous ceux qui par la prière, la parole, le dévouement, les œuvres et les institutions, ont travaillé et travaillent encore au perfectionnement moral des générations ; songez que ce sacerdoce catholique a pour se déployer les espaces et les siècles; qu'il pose au plus intime du cœur au centre même de la vie humaine le ressort de son action : et vous serez frappés de l'immense impulsion que l'humanité a dû recevoir vers son perfectionnement moral par l'incomparable influence du sacerdoce catholique. Et en mesurant l'étendue, la force et la direction de ce mouvement, vous pourrez entendre ce qu'il faut penser du progrès que nous promettent ceux qui veulent ouvrir sa marche sur les ruines de la hiérarchie catholique, et rêvent de régénérer le monde dans le sang du sacerdoce chrétien.

Parallèlement à cette grande institution où la sainteté sacerdotale et hiérarchique donne au monde moral une si vaste impulsion, une autre se développe et agit au sein du christianisme, exerçant sur le progrès moral des nations chrétiennes une influence analogue, l'institution de la vie *religieuse*. La sainteté chrétienne, sous cette seconde forme, prend dans le perfectionnement moral de l'humanité une part que je crois digne d'être signalée aux méditations de ce grand et intelligent auditoire.

Sous l'impulsion généreuse que Jésus-Christ a donnée à notre humanité en se posant sous nos regards, et en nous attirant par son amour à l'imitation de sa sainteté, partout des multitudes se rencontrent qui ne peuvent plus se contenter de l'accomplissement du devoir. Faire ce que l'on doit et ne nuire à personne, c'est l'idéal le plus élevé de la sagesse humaine. Respecter le droit et accomplir le devoir, la philosophie païenne ne concevait pas qu'on pût monter plus haut ; et je pourrais montrer, si c'était mon sujet, qu'elle n'atteignait pas toujours même dans son enseignement ce vulgaire idéal. Certes, l'universel accomplissement du devoir serait déjà dans un peuple un progrès et une perfection qui ne sont pas à dédaigner. Mais pour que les multitudes consentissent à l'entier accomplissement du devoir, il était salutaire qu'elles vissent passer au milieu d'elles des vertus décidées à s'élever plus haut. Il fallait que la majorité pût se sentir entraînée dans la voie du progrès moral sur les vestiges d'une minorité héroïque, comme on voit le courage des chefs emporter dans la gloire le vulgaire des soldats.

Ce qui devait se faire pour le progrès du monde, s'est fait par l'héroïsme des saints. C'est la réalité de notre histoire chrétienne ; partout et toujours cette minorité généreuse s'est trouvée sur les traces de Jésus-Christ, émue par cette parole : *Si vis perfectus esse,* prête à s'élancer avec lui dans la voie du bien par delà les limites du précepte et la frontière du devoir. Sous le charme du Crucifié qui les avait divinement séduits en leur communiquant la sainte passion du sacrifice, des hommes de toutes les classes et de toutes les conditions se sont rencontrés dans une même résolution. Ils ont dit : Le bien, ce n'est pas assez, il nous faut le mieux ; le devoir, c'est trop peu, il nous faut le sacrifice. Le courage pour les soldats de Jésus-Christ, c'est vulgaire : à qui veut le suivre de près, ce divin capitaine demande l'héroïsme. Or, nous voulons le suivre, le suivre jusqu'où il veut nous entraîner sur sa trace ; et voilà qu'il abaisse devant nous les barrières du précepte, et qu'ouvrant devant notre ambition le champ illimité de la perfection, il nous crie : Plus loin ; franchissez la limite ; et élancez-vous, sur la trace de mes pas, vers cet idéal que je vous ai montré, et qui n'est autre que moi-même. Et ces légions choisies répondent d'une voix unanime : Allons, marchons vers le parfait qui nous appelle ; allons, croissons de toute manière, jusqu'à ce que nous atteignions avec Jésus-Christ et en Jésus-Christ la plénitude de l'homme parfait.

Messieurs, voilà le religieux, tel que l'Évangile le montre, tel que l'Église le demande, c'est l'homme du plus parfait ; il est dans sa notion même un homme de progrès, un ouvrier de perfection : la tendance à la perfection est sa tendance naturelle, l'aspiration du progrès est l'aspiration de sa vie. La perfection conquise n'est pas de l'essence de la vie religieuse ; mais il est de son essence de tendre à la conquérir. L'élan vers le plus parfait est tellement l'élan propre de cette vie que le religieux ne peut le perdre sans s'abdiquer lui-même. Certes, cette tendance demande de l'énergie, et l'on ne peut s'étonner que la nature en quelques-uns trompe des résolutions qui furent sincères ; mais le mouvement de la vie est tel ; et quelle que soit l'ombre que de rares défaillances jettent sur l'histoire des instituts religieux, voici ce qui apparaît avec éclat, quand on contemple d'un peu haut la majesté de l'ensemble : des légions d'hommes et de femmes, sous tous les vêtements et sous toutes les bannières, voués par leur état à la poursuite du plus parfait, obligés par leur serment de marcher au progrès, comme des soldats de monter à l'assaut.

Aussi celui qui ne consent pas à ce que l'exception lui dérobe la règle ; celui qui ne permet pas au scandale de quelques hommes de prévaloir dans sa pensée sur les vertus de millions d'hommes ; celui-là ne peut pas ne pas voir ce qui brille comme le soleil en son midi, à savoir, que la vie religieuse, telle qu'elle se pratique dans l'Église depuis de longs siècles, fut pour le monde une grande cause d'accélération dans le progrès moral. Aujourd'hui encore, sous vos propres regards, les instituts religieux qui ont gardé leur séve produisent cet effet. Non-seulement l'ordre fait effort pour monter vers Jésus-Christ, idéal de perfection; il emporte avec lui dans son mouvement progressif des multitudes généreuses imitatrices du parfait. On soupçonne quelquefois dans les affinités qui rattachent des générations aux familles religieuses des secrets profonds et je ne sais quel mystère : qu'y a-t-il cependant au fond de ces sympathies fraternelles qui groupent autour de certains corps religieux des légions de fidèles ambitieux de s'abriter sous leur bannière? Messieurs, voicitout le mystère : association volontaire à l'humilité, à l'abnégation, à la pauvreté, au sacrifice. Et tel est le beau spectacle qui s'offre ici à votre contemplation : l'ordre entier suivant sa loi tend vers Jésus-Christ modèle de perfection ; le tiers ordre suit l'ordre dans la voie où il le précède ; et le monde lui-même, ému par le contact d'une sainteté dont il ignore la source, entre dans cette marche progressive qui emporte tout vers Dieu par Jésus-Christ Notre-Seigneur.

Ainsi, depuis dix-huit siècles, le christianisme exerce sur l'humanité une double action éminemment progressive, l'action de la sainteté sacerdotale et l'action de la sainteté religieuse.

Entre ces deux saintetés, il en est une troisième qui sort perpétuellement des deux autres, ou du moins reçoit d'elles une persévérante impulsion ; cette sainteté, qui a des formes et des variétés indéfinies dans son unité sublime, je la désigne par un mot qui abrége tout, je la nomme la sainteté *populaire*. La grande armée de saints que je désigne sous ce nom, qui pourra la compter ? Qui pourra dire combien entre la sainteté sacerdotale et la sainteté religieuse, entre l'apostolat hiérarchique et l'apostolat monacal, animés d'une même vie et marchant à un même but, ont passé et passent encore sous nos yeux de générations de chrétiens, élevées et agrandies par ces deux influences qui n'en font qu'une, pour atteindre leur perfection et conquérir le progrès ? Le nombre des saints sortis depuis dix-huit siècles de tous les rangs du peuple chrétien avec l'ambition de devenir des hommes parfaits et de cueillir dans les combats de la vie la palme glorieuse de la sainteté, qui pourra jamais le savoir ? Et cependant quel recensement plus intéressant au point de vue du progrès que le recensement de ces grands hommes qui donnent le mouvement au progrès humain? Vous faites, avec un zèle et une patience que j'admire, la statistique de tout. Vous soumettez aux calculs les plus profonds les choses les plus superficielles. Vous pouvez dire, avec une exactitude qui défie le contrôle, ce que chaque pays produit dans un temps donné pour le bien-être matériel. Que ne mettez-vous le même zèle et la même ardeur à connaître avec exactitude ce que produit le christianisme pour l'agrandissement de l'homme et le perfectionnement de notre bien-être moral? Ne pourriez-vous rechercher dans un calcul approximatif ce que, depuis bientôt deux mille ans, chaque nation chrétienne produit pour le progrès du monde de véritables saints? Si studieux, si ardents, si infatigables à mesurer toute valeur que produit l'agriculture, le travail, l'industrie, le commerce; cette appréciation de la sainteté, qui est la valeur humaine elle-même, nous trouvera-t-elle indifférents? Et quelle folie à nous de mettre au-dessus de l'homme et de ses progrès ce qui n'a de valeur que par rapport à l'homme et à son perfectionnement!

A défaut de calcul exact, partons d'une hypothèse qui demeure sans contredit beaucoup au-dessous de la réalité. Je suppose que chaque siècle chrétien produise, en moyenne, un million de saints, non de saints tous canonisés à Rome, mais de saints qui ont réalisé la perfection dans un degré supérieur, dont Dieu a connu les vertus, dont l'humanité a senti l'influence, et dont Rome canonise quelques-uns pour tenir toujours rayonnante aux regards des peuples l'image de la sainteté. Voilà donc dans les siècles chrétiens à peu près vingt millions d'hommes qui ont porté en eux dans des proportions éminentes la perfection humaine.

Cela posé comme un fait qui s'impose par sa propre évidence, est-il possible d'imaginer que ce grand fait n'ait pas imprimé au monde un immense mouvement d'ascension morale? Ah! Messieurs, si telle est quelquefois la puissance d'un seul homme pour élever les âmes qui ont touché à son âme, qui dira l'impression que l'humanité chrétienne a reçue du contact séculaire de vingt millions de saints? Dites-moi, avez-vous eu une fois ce bonheur dans votre vie, avez-vous rencontré un saint? avez-vous pu contempler son âme dans la lumière de son visage? avez-vous vu de près cette majesté de Dieu descendue sur le front d'un homme? Si vous l'avez vue, quelle impression en avez-vous gardée?

Messieurs, supposez que dans une grande

cité un homme se soit rencontré, dont la vertu, du lieu où Dieu l'avait placée comme un flambeau, ait pu luire sur des multitudes d'un pur et inaltérable éclat; un homme qui ait montré constamment en lui-même une triple représentation de Notre-Seigneur Jésus-Christ, en portant devant les âmes la vérité qui les éclaire, la bonté qui les attire, et la sainteté qui les édifie ; un homme qu'on n'approchait pas sans se sentir élevé vers quelque chose de plus haut que la terre, et qu'on ne quittait pas sans emporter de son contact une impression de son Dieu; un homme qui, après avoir dit adieu aux grandeurs du monde, a passé comme son Maître en faisant le bien, et qui meurt comme il a vécu en consommant tout le bien qu'il a fait; un homme qui, après avoir ému et attendri des multitudes par l'onction de sa parole, les tient encore plus émues et plus attendries par la douceur de son souvenir; un homme qui parle dans sa mort plus haut que dans sa vie : *defunctus adhuc loquitur;* et jusqu'en son silence continue d'instruire, d'émouvoir et de sanctifier tous ceux qui entendent cette leçon de sa mort, suprême discours que l'apôtre mourant fait entendre à la terre; un homme enfin dont on a pu dire que *le deuil qu'il laisse à ceux qui l'ont connu est mélangé d'allégresse* (1).

Eh bien, je le demande, cet homme passera-t-il dans l'humanité sans donner à tout ce qui l'aura touché un mouvement qui élève et agrandit ? Quelles élévations ne donnera pas à des milliers d'âmes ce passage d'une grande âme ? quels essors vers le bien ne recevront pas des milliers de cœurs du contact de son grand cœur ? Cet homme n'aura-t-il pas sa part dans la purification du peuple, le perfectionnement des hommes et le progrès de la société ? Or, s'il en est ainsi de l'influence d'un homme qui a passé portant la couronne de la sainteté ornée de l'éclat du talent, croirai-je que l'humanité aura vu passer sous ses regards à travers ses longs siècles vingt millions de saints, sans s'émouvoir et se transformer elle-même au contact de leur sainteté ? Ah ! j'en jure par la vérité, j'en jure sur vos cœurs et sur le mien,

(1) Allusion au R. P. de Ravignan, mort l'avant-veille, et dont le corps, exposé depuis deux jours, était visité par de nombreux fidèles dans la maison des PP. Jésuites.

non, l'humanité ne se contredit pas à ce point; non, elle n'a pas vu vingt millions de fois passer sous ses regards la grandeur et la perfection personnifiée dans les saints, sans s'agrandir et se perfectionner elle-même ; oui, les saints ont élevé l'humanité : la perfection a produit la perfection ; la grandeur a produit la grandeur ; le progrès a produit le progrès.

Donc, Messieurs, dites avec moi de l'âme et du cœur : Gloire aux saints ; gloire aux initiateurs, gloire aux chefs, gloire aux vrais maîtres du progrès ! Seuls les saints relèvent l'humanité du fond de ses corruptions; et seuls, après l'avoir relevée, ils la maintiennent encore au milieu de ses défaillances à sa hauteur légitime. Seuls, ils sont, même au milieu des siècles pervertis, le sel conservateur qui empêche la masse de se corrompre tout à fait. Les saints sont une perpétuelle protestation contre les grands désordres qui menacent de prévaloir dans les peuples pour les précipiter vers leur décadence; ils protestent contre tous les vices par la voix de toutes les vertus. Au milieu de nos abaissements et de nos ténèbres, ils tiennent haute et radieuse l'image vivante de l'humaine perfection ; et toujours une fraction de l'humanité subit le généreux ascendant de leurs exemples : ils font tout ce qu'ils peuvent par la parole, par l'action et par toutes leurs influences, pour opposer une digue à ce torrent de la concupiscence qui tend sans cesse à déborder dans les nations : s'ils ne peuvent l'arrêter, ils demeurent debout au milieu de son flot ; et lorsque la société, se laissant aller à son cours, menace de tomber aux abîmes ; lorsque le triomphe des méchants les chasse des forums, des temples et des places publiques, et que la clameur des peuples semble couvrir leurs grandes voix ; les saints sont encore là, pour faire entendre, jusque dans le silence de leurs vertus, le dernier mot de salut.

Ah! s'il en est ainsi, mon Dieu, envoyez-nous des saints ! Notre monde ébranlé penche, il penche vers de grands abîmes ; il voudrait remonter, et il cherche des mains qui le saisissent dans la douceur et la force pour le ramener vers les hauteurs. Mon Dieu, envoyez-nous des saints ! Qu'ils viennent par leur humilité réagir contre notre orgueil ; qu'ils viennent par leur austérité réagir contre notre sensualisme ; qu'ils viennent par leur pauvreté réagir contre notre cupidité ; qu'ils viennent par tous les miracles de leur sainteté réagir contre tous les désordres de notre siècle ; qu'ils viennent enfin, par tous leurs progrès, réagir contre toutes nos décadences. Mon Dieu, envoyez-nous des saints ! Qu'une nouvelle explosion de sainteté se fasse au milieu de nous ; que les saints nous viennent nombreux, grands, héroïques ; et qu'ils nous ramènent par leur influence réparatrice, de la ruine à la restauration, et de la décadence au progrès.

TROISIÈME CONFÉRENCE

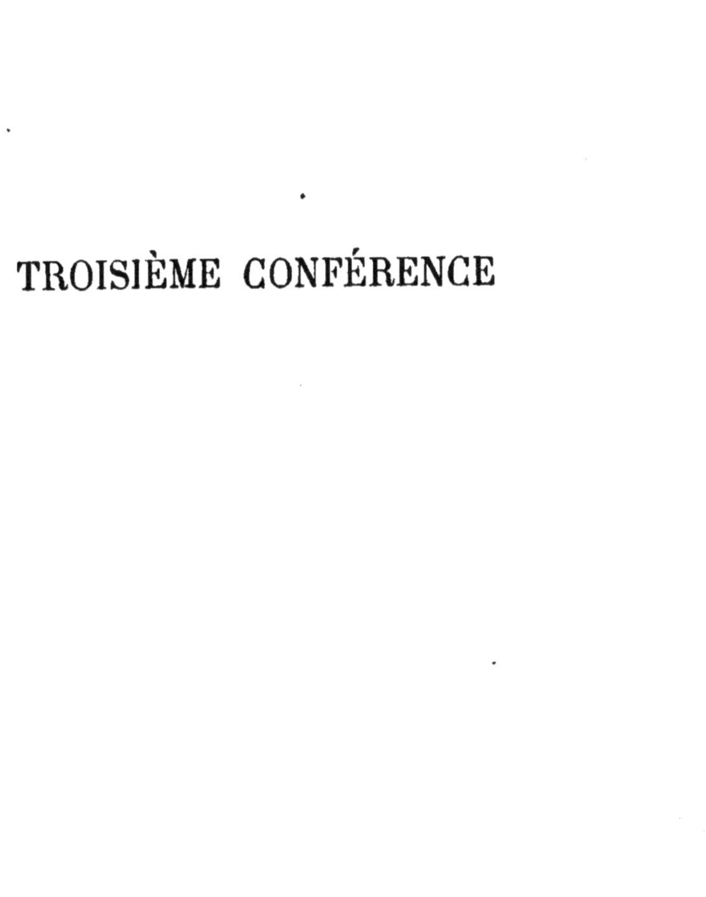

TROISIÈME CONFÉRENCE

LE PROGRÈS MORAL

PAR L'HUMILITÉ CHRÉTIENNE

ÉMINENCE,

Après avoir établi que le christianisme a le privilége incommunicable de produire la sainteté, nous avons montré dans notre dernière Conférence que le propre de la sainteté chrétienne est de produire le progrès moral. Le christianisme crée des saints dans l'humanité, et les saints, avons-nous dit, marchent dans les siècles à la tête du progrès. Les saints, fruits immortels du vrai christianisme, sont par leur sainteté même les plus grands hommes de l'humanité; et leur grandeur est une grandeur essentiellement ordonnée; donc ils sont en eux-mêmes les hommes les plus réellement progressifs; car le progrès c'est la grandeur dans l'ordre. Mais la grandeur des saints n'est pas une grandeur stérile et sans conséquence pour la marche du monde moral : cette grandeur se communique à tout ce qui la touche : et ainsi par la force des choses, les saints donnent au monde moral sa plus haute et sa plus forte impulsion: ils sont donc les vrais maîtres et les vrais conducteurs du progrès de l'humanité.

Messieurs, je ne sais quoi me dit que cette vérité vous trouve convaincus; je sens que toutes les grandes âmes prennent ici parti pour la sainteté et se rangent persuadées et résolues sous la bannière des saints, pour marcher avec eux au vrai progrès du monde. Il ne manque pas d'hommes, je le sais, qui veulent donner à l'humanité d'autres guides que ces guides. Ils mettent à la tête du progrès, selon le point de vue de leur pensée ou l'intérêt de leur ambition, des philosophes, des littérateurs, des poëtes, des savants, des économistes, des financiers, des politiques, des capitaines. Volontiers nous reconnaissons à toutes les classes d'hommes que nous venons d'énumérer leur part légitime dans la marche du Progrès. Mais, il faut le proclamer bien haut, ces hommes, quels qu'ils soient, s'ils ne sont saints, ou s'ils ne marchent sur les vestiges des saints, ne peuvent ouvrir devant nous la route du progrès. Il est temps de le comprendre, la fonction sans égale de guider l'humanité dans sa marche progressive appartient aux saints. Quoi qu'on fasse pour nier l'évidence et se dérober à la souveraineté du vrai, on n'anéantira pas ces deux vérités simples qui défient toute négation : la première, c'est que les saints sont les hommes les plus complets qu'il y ait dans l'humanité, à la lettre les meilleurs des hommes. La seconde, c'est que la fonction de guider l'humanité dans la voie de ses vrais progrès appartient de droit aux meilleurs des hommes. Ces vérités s'imposent à nos intelligences par la puissance qu'a la lumière de s'imposer aux regards.

Mais, Messieurs, étant admis comme un principe désormais incontestable que les saints sont les vrais maîtres dn progrès, j'ai hâte d'entrer plus profondément dans l'intime du sujet, et de rechercher devant vous quelle est la raison radicale qui fait aux saints ce rôle incomparable. Ici, Messieurs, je prononce un mot dont on a beaucoup abusé, et que je vous prie d'accepter dans son sens le plus pacifique et le plus salutaire, la *réaction*. Ce qui fait que les saints marchent à la tête du progrès c'est une réaction, mais une réaction essentiellement réparatrice et progressive. Telle est en effet, dans son abrégé, la vie des saints; c'est une réaction courageuse, persévérante, héroïque contre la concupiscence, obstacle à tout progrès, et cause de toute décadence. Réactionnaires heureux qui, brisant en eux et autour d'eux cet obstacle toujours ancien et toujours nouveau au progrès de l'humanité, ouvrent sa marche laborieuse mais triomphante sur la trace de leur chef, Jésus-Christ Notre-Seigneur.

Pour vous faire mieux entendre comment la vie des saints, en réagissant contre la concupiscence, détruit l'obstacle au progrès, je commence par vous montrer dans cette réaction ce qu'il y a de plus fondamental et de plus décisif, je veux dire la réaction de *l'humilité* contre l'orgueil. Montrer comment le christianisme, en inaugurant sur la terre le règne de l'humilité, a posé au fond des âmes la base première du Progrès chrétien, c'est tout le sujet de ce discours.

I

Messieurs, depuis la grande transformation accomplie dans le monde par le christianisme, deux drapeaux apparaissent perpétuellement levés dans les siècles, guidant l'humanité qui les suit dans des directions profondément diverses, le drapeau de l'orgueil et le drapeau de l'humilité. Satan de tous côtés rassemble ses légions, légions infernales et légions humaines ; car sous son drapeau il y a des hommes aussi : légions des ambitieux, légions des cupides, légions des voluptueux. Il appelle pour les guider tous ceux qui ont une voix, une parole, une plume, une science, un talent, un génie à mettre à son service ; et, quand ils sont venus, il leur souffle par le cœur jusqu'au fond de la pensée ce discours digne d'eux et de lui. Il leur dit : « Mes amis, allez, « et soyez les maîtres du monde. Possédez les « richesses ; soyez riches, les plus riches. « Possédez les honneurs ; soyez grands, les « plus grands. Possédez les jouissances ; soyez « heureux, les plus heureux. » Or, de cette triple impulsion que Satan donne aux siens, quel est le but, pensez-vous ? Richesses, honneurs, plaisirs, est-ce là le terme où veut aboutir le génie de Satan ? Non. Que cherche-t-il par-dessus tout, et comme terme de tout ? Le grand abîme de l'humanité, ce qu'un saint nommait bien *superbiæ barathrum*. Oui, Satan pousse l'humanité aux richesses, aux honneurs, aux plaisirs ; mais pourquoi ? pour la précipiter par ces trois courants dans le gouffre de l'orgueil : *ut demùm in superbiæ barathrum deturbari queant* (1).

(1) Exercice de S. Ignace. *Les deux étendards.*

Mais, tandis que ce drapeau d'orgueil fait le tour du monde, un autre se déploie dans les nations, guidant l'humanité à des destinées bien différentes. Jésus-Christ, lui aussi, rassemble ses légions ; légions des pauvres, légions des chastes, légions des petits ; et, parlant à ceux qui doivent guider ces légions dans la conquête qu'il médite, il leur dit : « Allez, et prenez possession des âmes ; « renoncez aux richesses, soyez pauvres, « les plus pauvres ; renoncez aux voluptés, « soyez chastes, les plus chastes ; renoncez « aux honneurs, soyez petits, les plus petits. » Et toutes ces légions, d'un pas accéléré, marchent où les conduit l'esprit qui les pousse, l'esprit chrétien qui n'est autre que le souffle de Jésus-Christ. Or, ici encore, je le demande, où va ce mouvement nouveau ? pourquoi la pauvreté ? pourquoi la mortification ? pourquoi le mépris ? à quoi doivent aboutir ces trois choses que demande Jésus-Christ ? Au terme suprême de tout vrai christianisme, à l'humilité.

Tels sont, Messieurs, les deux drapeaux, ou comme les nommait un ascète illustre qui transportait dans les combats de sa vie spirituelle les images empruntées aux combats de sa vie militaire, tels sont, dans l'humanité chrétienne, toujours déployés et toujours rivaux, les deux étendards ouvrant la marche à deux progrès diamétralement opposés.

De l'autre côté du Calvaire, le premier de ces deux étendards apparaît seul. Je ne vous dirai pas les débauches d'orgueil qui sont l'histoire du monde païen. Il me suffit de constater que le mouvement de ce monde dans son ensemble, c'était l'orgueil, l'orgueil qui, depuis le dernier degré de l'humanité jusqu'à son sommet le plus haut, faisait entendre cette parole : Je monterai, *ascendam* (1). Mouvement satanique et essentiellement antichrétien.

Pour inaugurer dans l'humanité un progrès nouveau, évidemment une révolution radicale était nécessaire. Il fallait renverser les perspectives et changer les directions ; il fallait, si je puis le dire, déplacer l'axe du monde moral, et retourner en sens inverse les deux pôles de la vie. L'humanité s'élevait avec Satan.

(1) Isaïe, XIV, 14.

elle s'élevait pour se précipiter : l'humanité devait descendre avec Jésus-Christ, mais descendre pour se relever. Les siècles païens roulaient sur cette parole qui préluda à la première insurrection et à la première chute : *ascendam*, je monterai même jusqu'au plus haut sommet de l'être. Les siècles chrétiens rouleront sur cette parole, qui demeurera comme leur inébranlable pivot : *recumbe in novissimo loco* (1), descendez même jusqu'au dernier rang. Cette parole vous fait déjà pressentir le plan que va suivre sur les pas de Jésus-Christ la marche de l'humanité incorporée à Jésus-Christ; et il faut, avant d'aller plus loin, que vous suiviez de votre pensée attentive ce mouvement qui doit changer le monde et inaugurer le progrès humain.

Le progrès de l'humanité, d'après les notions déjà données précédemment, ne peut résulter que de l'imitation de Dieu par l'homme. Le premier but de la réparation fut la rédemption de l'homme par Dieu ; le second était l'imitation de Dieu par l'homme. Mais l'imitation

(1) Luc, XIV, 10.

de Dieu. qui est le principe du progrès, pouvait en s'égarant devenir un principe de décadence et de ruine. C'est ce qui est arrivé dans le ciel et sur la terre. Deux fois, en voulant imiter la grandeur de Dieu, la créature s'est précipitée. Je serai semblable au Très-Haut, *similis ero Altissimo* (1); cette parole, ce fut la chute de Satan et des anges associés à sa révolte. Vous serez comme des dieux, *eritis sicut dii* (2); cette parole, ce fut la chute de l'homme et de la postérité associée à son malheur. Ainsi deux fois la créature est tombée en voulant imiter Dieu par l'exaltation insensée d'elle-même. Que fera Dieu pour nous guérir de ce mal originel? Il va nous demander de l'imiter encore lui-même, non dans son élévation, mais dans son abaissement. Voilà le dessein de la réparation humaine, l'idée du progrès humain, tel qu'il fut conçu dans la pensée de Dieu et accepté par son amour.

Vous avez compris le plan divin, admirez son exécution : voyez d'où part ce mouvement

(1) Isaïe, XIV.
(2) Gen., III, 5.

qui va changer la marche du monde et les conditions de la vie ; et puis voyez où il arrive pour donner naissance au progrès, et ouvrir la grande ère des siècles nouveaux. « Au commencement était le Verbe ; et le Verbe était en Dieu ; et le Verbe était Dieu. Et le Verbe s'est fait chair ; et il a habité parmi nous : *Et Verbum caro factum est, et habitavit in nobis* (1) ! » Le croyez-vous, chrétiens ? Oui, nous le croyons. Eh bien, allez maintenant, cherchez ce Verbe de Dieu restaurateur du monde ; et voyez où il tombe pour inaugurer le progrès. Où l'avez-vous rencontré ? dans quel palais, sur quel trône, sous quelle pourpre, dans quel berceau digne de Dieu fait homme ? Allons à Bethléhem ; *transeamus usque Bethlehem* (2). Oui, à Bethléhem, la plus petite des cités du plus petit des royaumes ; et dans le lieu le plus abaissé de la plus humble des villes : dans une étable, dans la crèche de cette étable, et sur la paille de cette crèche; là, vous le trouverez petit, petit comme un enfant, *invenietis infantem*.... Oui,

(1) S. Jean, I.
(2) Luc, II.

cet enfant c'est lui-même, c'est le réparateur ; nous l'avons reconnu, le voilà ! Là toutes les nations sont venues ; elles ont vu, elles ont aimé, elles ont adoré Dieu tombé dans une crèche : et à la lumière qui a jailli de ce berceau pour faire à toute intelligence l'épiphanie de sa divinité, les peuples ont salué le Dieu réparateur. Pour quiconque croit ce mystère, tout est dit ; et pour quiconque même ne le croit pas, tout est dévoilé dans le progrès chrétien. Le progrès chrétien part des profondeurs de la Divinité, pour arriver aux profondeurs de l'humanité. Du sein de l'infini le Verbe tombe à Bethléhem : entre ce point de départ et ce point d'arrivée, un plan se déroule infiniment incliné, ayant à l'un de ses deux bouts l'infinie perfection de Dieu, et à l'autre bout l'infinie misère de l'homme. Ainsi naît le progrès chrétien ; comme Jésus-Christ qui le personnifie, il naît petit : *parvulus natus est.*

O mystère de l'humanité ! mille fois dans ma vie je vous ai médité ; vous ai-je compris du moins ? O Bethléhem, ô crèche, où repose dans son néant le vrai Dieu que j'adore ! que de fois ma pensée vous a visitée ; que de fois mon cœur s'est versé devant vous ; et que de fois devant vous je me suis prosterné ! Mais, ô Dieu de Bethléhem, après tant de visions où ma foi cherchait dans votre crèche le secret de l'avenir ; après tant d'effusions de mon amour devant ce berceau où m'apparaissait votre amour ; après tant d'adorations où j'aurais voulu imiter la profondeur de vos anéantissements par la profondeur de mes prosternements ; ai-je compris, mon Dieu ? et me sera-t-il donné de faire entendre dans ma parole un mot, ne fût-ce qu'un mot de cet ineffable mystère ? Ah ! dans mon impuissance de comprendre et de dire, je vous rends grâces, mon Dieu, de la révélation que vous avez faite à mon âme. Tandis que je cherchais à Bethléhem, pour le redire à mes frères, le progrès divin que vous apportiez à notre monde en décadence, dans le mystère qui couvrait votre berceau une grande lumière m'est venue ; à travers ces profondeurs infinies, j'ai vu brillante comme l'étoile qui guida les mages, une vérité se dégager pure de toute ombre ; dans ce silence, cet abaissement et cette obscurité, j'ai compris le mot de l'énigme qui tourmentait ma pensée; et j'ai cru entendre comme une voix qui chantait dans mon âme : Le progrès, le voici qui commence; le progrès, c'est l'*humilité*.

Qu'ai-je besoin de suivre davantage la marche de mon divin Réparateur sur ce chemin où il va descendre toujours jusqu'à ce qu'il ait touché le fond de ses insondables humiliations? Après avoir dit sa naissance, qu'ai-je besoin de dire encore et le mystère de sa vie et le mystère de sa mort? Sa vie, je la connais : c'est une course où il se précipite, comme d'étape en étape, de l'anéantissement à l'anéantissement. Et sa mort, ah! qu'est-ce, je vous prie, si ce n'est la consommation de l'anéantissement? anéantissement à Bethléhem, anéantissement à Nazareth, anéantissement au Calvaire, anéantissement partout, anéantissement toujours! Telle est l'énigme du progrès de Jésus-Christ, incomprise aujourd'hui encore des sages de la terre. Pour nous élever, il a dû s'anéantir; et il s'est anéanti en effet lui-même; *exinanivit semetipsum* (1). Ainsi a

(1) Philipp., II, 7.

marché du ciel à Bethléhem, et de Bethléhem au Calvaire, celui qui voulait emporter l'humanité dans son propre mouvement; chutes infinies qu'un Dieu seul pouvait faire, et qui ne se peuvent mesurer que par la grandeur de celui qui tombe.

Or, je vous le demande, Jésus-Christ dans ce mouvement qui l'a fait descendre de l'infini jusqu'au néant, est-il demeuré seul? ou bien a-t-il réellement déterminé dans l'humanité un mouvement descendant? Le Dieu de l'humilité a-t-il pu créer pour le suivre la génération des humbles? Messieurs, l'histoire ici vous répond; elle dit à qui l'interroge: Oui, Jésus-Christ a déterminé dans l'humanité qui s'est incorporée à lui le mouvement qui l'emporte lui-même. Oui, depuis cette descente de Dieu, il y a une humanité qui tend à s'abaisser. Oui, depuis dix-huit siècles, il y a un peuple des humbles, imitateur passionné de son Dieu anéanti.

De l'autre côté du Calvaire, je vois une humanité qui crie en passant dans les siècles : « Montons, montons encore, et, s'il se peut montons jusqu'à Dieu même. » De ce côté, je vois une autre humanité qui passe en s'écriant : « Descendons, descendons encore; et, s'il se peut, abaissons-nous jusqu'au néant. » Autrefois, pour imiter Dieu, on croyait qu'il fallait monter ; et l'humanité s'exaltant jusqu'au délire, s'évanouissait dans ses propres vertiges ; aujourd'hui, pour imiter Dieu l'humanité croit qu'il n'y a qu'à descendre ; et descendant en effet sur ses pas, on dirait qu'elle veut s'ensevelir dans son propre néant. Comme le monde païen aspirait à toutes les exaltations, il y a un monde chrétien qui aspire à toutes les humiliations. On se précipitait dans la gloire ; on se précipite dans le mépris. Des multitudes traversent les siècles en montrant la seule ambition qui soit digne d'elles, l'ambition de s'abaisser. Je vois des capitaines tout rayonnants de gloire, et qui rejettent d'eux les insignes de la gloire; je vois les plus illustres de la terre, resplendissants de l'éclat des honneurs, et qui rejettent d'eux tout l'éclat des honneurs ; je vois des princes et des princesses à qui le monde prépare des triomphes, et qui rejettent les triomphes que leur prépare le monde ; ils laissent, pour être inconnus, cachés, méprisés, des châteaux, des trônes, des sceptres, des palais ; et demandent à l'obscurité d'un nom le secret de voiler la splendeur de la naissance. Les tendances de la vie apparaissent retournées : l'abaissement volontaire, si antipathique à toute humanité orgueilleuse, exerce sur cette humanité humble une mystérieuse fascination. On ne sait comment cette passion de l'abaissement a pris possession des âmes, mais elle les possède. Vraiment l'humanité est soulevée ; la grande révolution est faite ; le miracle que nous appelions tout à l'heure est accompli ; l'humanité est changée, elle est *humble*. Sans doute, au sein de cette humanité qui a vu l'humilité de Dieu, la superbe de l'homme subsiste encore ; la nature survit à cette grande défaite de l'orgueil, et lui rend perpétuellement la force de tenir déployé le drapeau de Satan ; mais le mouvement est donné, et ce mouvement ne s'arrêtera plus ; une chose nouvelle a paru dans l'humanité, elle y subsiste depuis dix-huit siècles dans les vrais disciples du Christ ; et pour cette chose inconnue il y a un mot que l'on ne connaissait pas, et ce mot est celui-ci : *humilité*. Et ce qui est encore plus prodigieux, ce mot *humilité* est devenu le signe de la grandeur ; il est à jamais le grand mot du progrès.

Oui, Messieurs, par une contradiction apparente qui est l'harmonie profonde du christianisme, ce mot *humilité*, signe du volontaire abaissement de l'homme, est devenu le signe de son agrandissement. Au fond de toute restauration, au commencement de tout agrandissement de l'homme, le christianisme pose comme condition première le volontaire abaissement de l'homme. Ainsi il réagit contre l'orgueil, principe de nos décadences, par l'humilité, principe de nos progrès. Satan veut entraîner l'humanité dans son propre mouvement : il s'est élevé, et il est tombé ; il pousse l'homme à l'imitation de son orgueil, pour l'entraîner à l'imitation de sa chute ; exalter l'homme pour le précipiter, c'est la stratégie de Satan. Jésus-Christ, lui aussi, veut entraîner l'humanité dans son mouvement : il descend, et il unit à ses abaissements divins toute humanité qui le suit ; mais pourquoi ? pour nous élever jusqu'à sa propre grandeur. Cet enfant, parti de son abaissement infini va grandir dans ses langes ; il va croître jusqu'à la plénitude de l'homme parfait ; puis, se dilatant lui-même dans son corps mystique, à travers l'espace et le temps, il emportera l'humanité chrétienne dans sa divine croissance.

Messieurs, j'ai dit le mot du mystère. Voilà dans le progrès tel que le comprend le christianisme la vérité mère, le dogme-principe. Jamais le christianisme n'a cherché, jamais il ne cherchera pour l'humanité un autre secret d'agrandissement, une autre voie de réhabilitation. L'opposé de Babylone cité de l'orgueil bâtie par l'orgueil, et s'élevant dans l'orgueil pour tomber bientôt d'une irréparable décadence et d'une irrémédiable ruine, le christianisme est la cité de Dieu dans l'univers, et son fondement c'est l'humilité : il grandit, il s'élève par l'humilité et dans l'humilité, appuyé sur Jésus-Christ qui s'abaisse jusqu'au néant pour lui servir de fondement, mais pour tout relever avec lui-même jusqu'à la perfection, la béatitude et la grandeur de Dieu. Telle est notre science du progrès ; elle se résume tout entière dans cette contradiction sublime : *s'abaisser pour s'élever*, *se diminuer pour s'agrandir*. C'est le dogme et la pratique tout ensemble. Le christianisme dogmatique, c'est Dieu abaissé jusqu'à l'homme ; le christianisme pratique, c'est l'homme qui s'abaisse avec Dieu, mais pour remonter avec lui ; car celui qui remonte c'est celui qui est descendu ; et toute humanité qui descend avec lui dans son humilité, monte avec lui dans sa gloire, et trouve dans son abaissement le secret de sa grandeur : *qui se humiliat exaltabitur* (1).

Peut-être il y en a parmi vous qui en entendant ces paroles ont la tentation de me dire ce qui fut dit à un apôtre il y a dix-huit siècles : *Nous vous entendrons un autre jour parler sur ce sujet* (2). Ah ! si vous me disiez cela, Messieurs, à mon tour je vous dirais : Non pas un autre jour, non pas demain, non, c'est aujourd'hui même qu'il faut entendre cette révélation chrétienne du progrès. Car, ce qui m'épouvante, quand je regarde autour de moi ce siècle si ardent à poursuivre le progrès, c'est

(1) Matth., XXIII, 12.
(2) Act. Apost., XVII, 32.

l'oubli presque total de ces premiers éléments de la vie chrétienne qui sont aussi les conditions de la vie progressive. Quand je vois sous mes yeux l'orgueil dans la science, l'orgueil dans les lettres, l'orgueil dans les arts, l'orgueil dans l'industrie, l'orgueil dans l'économie, l'orgueil dans la matière, je me prends à trembler, et j'ai besoin de m'écrier : Messieurs, prenez-y garde ; on médite de vous imposer le progrès de Satan ; on veut faire parmi vous de la grandeur renversée et du progrès à rebours. Comme les anges rebelles, vous cherchez tout d'abord ce qu'il y a de plus haut, prenez garde ; qui commence avec Lucifer n'achèvera par avec Jésus-Christ ; et qui construit comme Babylone n'édifiera jamais la vraie cité de Dieu.

Messieurs, devant ces deux doctrines si profondément séparées, il est temps de nous décider : entre ces deux voies de progrès si diamétralement opposées, il est temps de choisir. Voulez-vous être pour Lucifer qui bâtit sur l'orgueil ; voulez-vous être pour Jésus-Christ qui bâtit sur l'humilité tout l'édifice du progrès ? Voulez-vous être chrétiens, ou voulez vous être Babyloniens ? Chrétiens, sortant de l'humilité d'une crèche pour conquérir le monde et réaliser le progrès de Jésus-Christ ? Babyloniens, montant aux plus hauts sommets pour préparer les plus profondes chutes, élevant de grandes murailles pour préparer de grandes ruines ? Sachez-le bien, Messieurs, la question du progrès est là tout entière, entre la Babylone païenne et la Jérusalem chrétienne ; entre Lucifer et Jésus-Christ : Lucifer qui, sur un trône superbe environné de ténèbres, envoie ses suppôts porter partout le vertige de l'orgueil ; Jésus-Christ qui, du haut d'une humble colline, le front rayonnant de lumière, envoie les petits porter au monde le mystère de l'humilité. Ne m'accusez pas, je vous prie, de déplacer la question ; je la laisse où Dieu la pose, et je vous dis : Si vous ne bâtissez avec nous, quoi que vous disent les adulateurs des folies de ce temps, vous bâtissez sur l'orgueil, vous êtes des Babyloniens : vous tomberez où tomba Babylone : *Cecidit Babylon magna* (1). Au contraire, si vous voulez bâtir avec nous

(1) Apoc.

sur l'humilité de Jésus-Christ, oh! alors, salut à vous, frères, je vous reconnais : vous êtes chrétiens, vous avez le signe de mon Dieu ; vous ferez du progrès, du progrès dans l'homme, du progrès dans les choses, du progrès dans la société, vous trouverez à la fois avec la vraie grandeur dans l'homme, la fécondité dans les œuvres et l'harmonie dans la société. C'est ce que vous allez mieux entendre en considérant de plus près la puissance efficace de l'humilité.

II

L'humilité chrétienne, Messieurs, est pour nous le premier principe du progrès, parce qu'elle est le premier point de départ de notre grandeur. Saint Augustin a enseigné cette doctrine dans des paroles admirables, que je regrette de devoir abréger. Vous voulez être grand, dit-il, commencez par ce qu'il y a de plus petit. *Magnus esse vis, a minimo incipe.* Vous méditez d'élever à une grande hauteur l'édifice de votre perfection, songez d'abord à poser le fondement de l'humilité. *Cogitas magnam fabricam construere celsitudinis, de fundamento prius cogita humilitatis.* Plus grand est l'édifice, plus profond doit être le fondement creusé par l'architecte : *quanto erit majus ædificium, tanto altius fodit fundamentum.* La construction descend avant de monter : *fabrica ante altitudinem humiliatur ;* et le faîte de l'édifice ne s'élève qu'après son abaissement, *fastigium post humiliationem erigitur.*

Telle est la pensée de saint Augustin sur le progrès moral de l'homme ; c'est la vraie philosophie de toute humaine perfection. Il ne peut y en avoir d'autre. Oui, plus un homme s'abaisse dans son propre néant, plus il élèvera en lui-même le sommet de la grandeur humaine. Tant qu'un homme n'est pas arrivé à deviner quelque chose de ce mystère, le secret de notre grandeur morale lui échappe, et il ne parvient pas même à comprendre l'essence de la vertu. Les premiers éléments lui manquent ; sa science morale, s'il recherche la science morale, balbutie l'inconnu ; et sa pratique est condamnée à l'impuissance, parce qu'elle se heurte à l'impossible. Cette impossibilité radicale du progrès moral sans l'humilité est la conséquence de ce qui fut dit l'année dernière. L'orgueil est le principe de toute décadence morale, parce qu'il est l'homme s'arrachant à Dieu et se retournant vers lui-même. L'humilité est le principe de tout progrès moral, parce qu'elle est l'homme sortant de lui-même pour retourner à Dieu.

Aussi j'admire, je l'avoue, de toute ma puissance d'admirer, cette sagesse vraiment divine qui commence dans l'homme par un abaissement volontaire toute restauration morale. Le retour au bien, dans l'Église, s'accomplit par la confession : or, la confession est une double humiliation : elle abaisse le corps dans une prostration, et l'âme dans un aveu. Par ce double abaissement l'homme se relève ; il se réhabilite devant Dieu, devant les hommes, devant lui-même. Par là, vous pouvez juger de l'aveuglement des réformateurs qui, en supprimant la confession, ont supprimé ces abaissements sublimes qui rendent à l'homme, même après ses dégradations, toute sa vraie grandeur. Ah! regardez sur nos autels : voici devant vous des pécheurs transfigurés par le miracle du repentir : ils sont grands de tous leurs abaissements; du milieu de la gloire qui resplendit autour de ce front qu'a prosterné leur humiliation, ils vous disent avec ce mot du réparateur le secret de leur grandeur : *Celui qui s'abaisse sera exalté*. Ils étaient notre scandale, ils sont devenus notre édification; ils étaient des personnifications de la décadence morale par le prodige de leurs prévarications, ils sont devenus les modèles de notre progrès moral par le prodige de leurs vertus; pourquoi? pour cette seule raison : ils se sont abaissés.

Messieurs, j'ai vu de près bien des âmes ; je les ai vues au dehors, mieux encore au dedans ; je dois à la vérité ce témoignage qui s'impose à ma sincérité : je n'en ai jamais vu, même une seule, entrer sérieusement dans la voie de son progrès, que sous la sauvegarde de l'humilité. Lorsqu'un homme ayant reçu de Dieu une âme élevée, un large cœur, une intelligence capable de concevoir l'idéal, et une volonté capable de le poursuivre, n'avance pas dans la voie du progrès, on peut affirmer qu'une révélation lui manque, la révélation de l'humilité. Au contraire, quand l'humanité est descendue dans une âme, elle l'attire vers le centre d'où elle est descendue pour lui venir, c'est-à-dire vers Dieu : et toujours dans une même âme et un même cœur, j'ai vu ces deux mouvements simultanés, un élan vers l'humilité et un élan vers la perfection. C'est le fait dominant dans la vie de tous les saints : le progrès dans la perfection et le progrès dans l'humilité, se rencontrant dans une harmonie parfaite. On se demande souvent avec surprise, comment ont fait les saints illustres pour croire à leur néant? Dignes de tant de respects, d'où leur venait l'ambition de tant de mépris? Si grands par leurs vertus, et souvent par leurs œuvres, comment arrivaient-ils à se trouver petits? Comment le miracle de leur sainteté n'effaçait-il pas en eux le miracle de l'humilité? Messieurs, à cette question il y a une réponse : leur sainteté était leur humilité même : l'une croissait avec l'autre, parce que l'une sortait de l'autre, ou plutôt parce que l'une était l'autre. La vue de leur imperfection et l'ambition d'être parfaits, le sentiment de leur vide et la passion de la plénitude, la conviction de ce qui leur manque et le besoin de se compléter, croissent et se développent ensemble dans la vie des saints. Ils sentent l'harmonie profonde de ces deux paroles de l'Évangile : *Soyez parfaits comme votre Père céleste est parfait : Apprenez de moi que je suis doux et humble de cœur*. Ils entendent Jésus-Christ qui leur révèle au plus intime de l'âme ce secret unique de leur progrès : Apprenez à descendre dans l'abîme de votre misère et de votre néant, pour entrer par moi et avec moi dans la grandeur et l'infini de Dieu.

Voilà, Messieurs, sur notre perfectionnement moral, le point de départ de notre philosophie chrétienne : et, sachez-le bien, vous n'en avez pas de meilleure. Là est la pierre angulaire, et la vérité vous porte le défi de poser sur un autre fondement la perfection des autres et la vôtre. Le malheur, le grand malheur de beaucoup d'hommes de notre temps, si vous voulez le savoir, le voici ; c'est d'ignorer encore, après dix-huit siècles de christianisme, ce premier élément de perfection chrétienne. Comme nous et avec nous, tous vous voulez le progrès moral de l'humanité. Je vous adjure de répondre ici à la vérité qui vous interroge : Que vous manquet-il par-dessus tout pour entrer dans cette voie, et y entraîner les autres après vous ? pour féconder en vous-mêmes tous ces germes de grandeur que Dieu a laissés tomber de son sein au fond de vos riches natures, que faudrait-il? Une seule chose, l'*humilité*. Un acte d'humiliation volontaire, un seul, ferait de plus de mille d'entre vous des prodiges de vertus et des instrmuents de progrès. L'humiliation volontaire du repentir ferait en vous cette transfiguration, par où il faut passer pour monter vers le parfait. Mais on ne le veut pas ; on se croit trop grand pour s'abaisser dans l'aveu de sa misère, et cette conviction superbe fait qu'on ne sortira jamais de sa misère. Il y a des hommes ici qui portent dans leurs âmes la semence des plus vastes choses, et qui me montrent dans la majesté de leur front le signe d'une vocation sublime. Le miracle de l'humilité en ferait de grands hommes dans le plus beau sens de ce mot, des hommes dont les générations baisent avec amour les vestiges généreux, et qu'elles n'ont qu'à suivre pour trouver leur perfection : s'ils ne veulent entendre cette force grandissante de l'humilité, la persuasion insensée d'une grandeur fausse les fera s'éteindre et mourir au sein d'une médiocrité, pour ne pas dire d'une bassesse réelle. L'un poussera l'effort de son talent jusqu'à l'illustration du roman immoral ; un autre ensevelira son nom dans la gloire du feuilleton malfaisant. Un autre emploiera son génie à creuser des abîmes de doute au fond de l'âme humaine, ou à jeter au plus profond des cœurs tous les germes de corruption, usant à pervertir des hommes toute sa mâle énergie. Un autre arrivera à ne rien faire du tout, trouvant sublime et digne d'un homme bien né de passer toute sa vie à s'occuper de soi.

Eh bien, tandis que tous ces illustres qui ont une parole, un pinceau, un art, mieux que cela, une âme, un cœur, un génie capables de créer des chefs-d'œuvre, seront glorieusement occupés à diminuer nos vérités et à ravager nos vertus ; tandis que toute cette éloquence, et toute cette poésie, et tout ce génie, et tous ces trésors des grandes âmes se verseront à flots sur les peuples pour aboutir à la stérilité du bien ou à la fécondité du mal ; un homme au milieu d'eux passera ignoré du monde et méprisé de lui-même; ayant le sceau de la grandeur, et voilé de son humilité; fuyant la gloire, et poursuivant le bien : cet homme, à force de réflexion sérieuse, de prière ardente et de luttes héroïques, est arrivé à ce résultat singulier mais immense, la conviction de son impuissance. Cet homme accomplira dans sa vie les plus grandes œuvres : de ce néant d'un homme sortiront pour le bonheur et le progrès de l'humanité des créations puissantes : il formera à la pureté, au dévouement, à l'honnêteté, à la justice, à toutes les vertus des générations sans nombre : il sera le père d'un million d'orphelins, le consolateur d'un million d'affligés, le protecteur d'un million de délaissés, le restaurateur moral d'un million d'êtres dégradés, le nourricier d'un million d'affamés; l'un de ces hommes, enfin, tels qu'il n'en faut que dix pour empêcher non-seulement une cité, mais un peuple de périr; un de ces hommes qui, même sans faire de miracles, guérissent ceux qui les touchent par le contact de cette vie qui est par sa puissance un perpétuel miracle; un de ces hommes qui à eux seuls font plus pour le vrai progrès du monde que tous les philosophes, tous les littérateurs, tous les poëtes et tous les politiques ensemble : un de ces hommes qui se nomment selon les temps saint Dominique ou saint François d'Assise, saint Philippe de Néri ou saint Vincent de Paul. Et pourquoi, cette fécondité dans ses œuvres? pourquoi, Messieurs? voici tout le mystère; je vous le découvre, et je vous le livre tout entier dans ce mot : cet homme a été *humble*.

Quelle qu'en soit d'ailleurs la raison profonde, c'est la grande lumière qui jaillit depuis dix-huit siècles des œuvres accomplies par les hommes. L'histoire de l'Église catholique, cette mère féconde de toutes les grandes institutions, raconte par des témoignages dont la voix ne peut plus se taire la puissance créatrice de l'humilité. Prenez tous les saints qui ont marqué leur passage dans l'humanité par des œuvres fécondes; la grandeur de leurs œuvres a pour mesure la grandeur de leurs abaissements. J'affirme qu'il n'y a pas dans le christianisme une chose vraiment grande et vraiment efficace qui n'ait été produite par des humbles. Peut-être à la surface il y a des orgueilleux, mais au fond il se trouve des humbles : les superbes font le bruit en recueilllant la gloire ; les humbles seuls font les choses en recueillant l'opprobre : c'est que seuls ils ont le germe de la fécondité : et célèbres ou ignorés, applaudis ou insultés, vainqueurs ou vaincus, ils produisent ; et leurs œuvres font le progrès du monde. Vaincus ! les saints le paraissent souvent ; mais en définitive, ils triomphent toujours ; car Dieu est avec eux, assurant au sein de leurs plus apparentes défaites leurs plus réelles victoires. On dirait que tout cède à leur empire ; leur humilité est une souveraine qui se fait obéir. Les créatures font ce qu'elle veut, et le Créateur lui-même semble attendre ses ordres. Dieu ne résiste pas à cette force de l'humilité attirant en elle sa fécondité, pour le glorifier par des œuvres qui portent avec le cachet de sa puissance le sceau de sa perpétuité. Les créations des humbles seules ont ce caractère, elles demeurent après qu'ils ne sont plus ; parce qu'ils n'ont pas bâti sur eux-mêmes, et que Jésus-Christ sur lequel ils construisent demeure éternellement. Au contraire, les œuvres des superbes, eux morts, ne sont que de la cendre; et leurs ruines ne demeurent que pour attester leur impuissance à faire des choses qui durent. O puissance à faire des miracles de l'humilité chrétienne! Ah! je crois entendre ici quelque chose du dessein de la divine sagesse : elle veut que l'homme, jusque dans les œuvres de ses mains, atteste encore la création de Dieu; la force divine se trahissant d'autant plus dans les créations humaines que l'homme crée davantage de son propre néant. Quand l'homme se sent faible, Dieu le fortifie; quand l'homme se vide, Dieu le remplit : et quand à force d'humilité il se fait néant, alors l'infinité de Dieu l'envahit de toutes parts, et sa puissance de créer se verse en lui avec plénitude pour en jaillir en œuvres fécondes. Ainsi, le Dieu des humbles, en abaissant sa divinité jusqu'à notre néant pour produire le salut du monde, a constitué sur la terre la puissance efficace de l'humilité; il a condamné les œuvres de l'orgueil à sécher sur leur racine, comme des plantes qui ont perdu avec leur séve le germe de la fécondité; et il a voulu que l'humilité s'épanouît au soleil des siècles chrétiens en fleurs pleines de parfums et en fruits pleins d'immortalité.

Tel est, ô Dieu des humbles, ô roi des petits, le mystère de vie sorti deux fois des trésors de votre infinie bonté, dans la première création qui fit le monde de la nature, et dans la seconde qui fit le monde de la grâce. Vous vous abaissez pour créer ; vous avez voulu que les créations humaines fussent soumises à la loi qui régit les créations divines ; c'est la gloire du christianisme et la grande illumination de votre Calvaire, de révéler au grand jour des siècles chrétiens ce mystère caché depuis le commencement du monde. O Dieu des humbles, je me prosterne avec amour devant ce mystère que le monde ne connaît pas et dont il ne veut pas entendre les divines harmonies ; et je vous remercie d'avoir fait au plus petit et au plus incapable la vocation de proclamer devant les plus grands et les plus habiles la puissance de l'humilité et la fécondité de l'anéantissement !

Mais l'humilité ne produit pas seulement la perfection dans l'homme et la fécondité dans les œuvres : elle produit l'harmonie dans la société.

L'harmonie sociale est le problème de ce temps; et le maintien de l'ordre, dans le sens vrai de ce mot, est la question du jour. Chacun le sent aujourd'hui d'un bout de l'Europe à l'autre; l'harmonie sociale est ébranlée, l'ordre est menacé. A ce mal terrible qui travaille le monde, il y a bien des causes : mais il y en a une plus profonde, plus universelle, plus désastreuse que toutes les autres. Un esprit satanique a ressaisi notre société moderne : cet esprit se reconnaît partout au même signe, l'horreur d'obéir. Plus de dépendance, plus de soumission, plus d'obéissance. Telle est la voix sourde mais distincte qu'on entend passer dans les bruits de notre temps. Ce ne peut plus être un mystère pour nous; et personne ne peut trouver mauvais que nous dénoncions du haut de cette chaire ce passage de l'esprit de Satan à travers des populations qui ont encore au front le signe de Jésus-Christ. On en veut à l'ordre, parce que l'ordre engendre la dépendance; et on en veut à l'autorité, parce que l'autorité est la condition de l'ordre : on lui en veut non parce qu'elle porte ce nom, lève ce drapeau, impose ce commandement ; on en veut à l'autorité parce qu'elle est l'autorité.

Aussi, tout ce qui dans la société moderne a la puissance de faire l'ordre ; tout ce qui personnifie en soi l'autorité est poursuivi par des haines implacables, dans la mesure même où il la représente. Pour la tuer plus sûrement, les méchants la visent au cœur ou la visent à la tête ; et si Dieu était à leur portée, ils frapperaient Dieu. Oui, à l'heure qu'il est, si Dieu se montrait sur un trône visible avec un sceptre dans sa main, prêt à exercer lui-même le gouvernement des sociétés humaines, j'affirme qu'autour de ce trône de Dieu on verrait conspirer des hommes : et l'enfer contre ce roi du ciel venu pour gouverner la terre ferait éclater ses machines. Ce gouvernement de Dieu, le plus parfait qu'on puisse imaginer, serait, pour des fils de ce siècle, le plus insupportable des gouvernements, parce que ce gouvernement serait la sagesse, l'ordre et la justice à la plus haute puissance. Voilà pourquoi le gouvernement qui ressemble le plus à celui de Dieu sur la terre, parce qu'il en est la plus haute manifestation, le gouvernement pontifical, a ce privilége incommunicable des haines sataniques. Si vous saviez ce qui se remue, en certains cœurs, de fureurs sourdes contre le successeur de Pierre, vous en seriez épouvantés. Mais rien dans cette haine n'a droit de vous étonner. Satan est contre Dieu, et les représentants de Satan sont, par la force des choses, armés contre les représentants de Dieu. Rome, le grand centre de l'autorité; Rome, l'autorité la plus haute, la plus permanente et la plus universelle, objet des plus profondes, des plus persévérantes et des plus universelles haines!! Et ce spectacle ne nous instruit pas? et nous hésitons encore à reconnaître au milieu de nous ce monstre qui dévore tout progrès social, menace l'existence de la société, et dont la fureur se trahit par des paroles dignes de l'enfer qui les inspire : *L'indépendance ou la mort!...*

Oui, Messieurs, l'indépendance, la haine de l'autorité et de l'obéissance; voilà ce qui menace aujourd'hui le progrès, et la vie de la société. A ce mal, voulez-vous un remède, non pas un remède qui vous guérisse immédiatement, mais qui vous guérisse infailliblement? — Oui, nous le voulons. — Ce remède, quel sera-t-il? Messieurs, n'ayez pas peur; je ne demanderai pas à la violence le secret de l'harmonie, ni à l'empire de la force matérielle la guérison du désordre moral. Ce que je vous demande, ce qui doit vous guérir, et ce que tous vous pouvez m'accorder, c'est la réaction chrétienne contre l'orgueil qui seul engendre ce mal satanique de l'indépendance; et la réaction contre l'orgueil, c'est l'*humilité*. O humilité! mère de l'ordre, du bonheur et de la paix, venez, descendez au milieu de nous, et apportez au mal qui nous dévore votre remède divin.

Mais comment l'humilité est-elle à notre mal social un remède efficace? C'est que l'humilité chrétienne descendue dans toutes les âmes est par sa nature même la suppression de ce grand mal des âmes. La haine de l'autorité n'est au fond que l'horreur de la soumission et de la dépendance. Or, l'humilité est en essence soumission et dépendance, soumission cordiale et dépendance respectueuse. Et voilà ce qui vous montre tout d'abord au fond de l'humilité chrétienne le remède souverain au mal de la société. L'ordre social ne se conçoit que par la soumission et la dépendance : et la soumission et la dépendance sont l'essence même de l'humilité. Le premier degré de l'humilité n'est que le premier degré de dépendance devant l'autorité divine; la consommation de l'humilité est la consommation de la dépendance devant le domaine absolu de Dieu; et cette dépendance, cette soumission volontaire, l'humilité la porte et la maintient inviolable devant toutes les autorités qui dérivent et relèvent de cette suprême autorité. Là où tous sont humbles, tous sont soumis; donc tous vraiment sujets, car un sujet n'est qu'un être soumis. Au contraire là où tous sont orgueilleux, tous veulent commander, personne obéir. Là, plus de soumission, donc plus de serviteurs, plus de justes; il n'y a que les sujets de la force et les serviteurs de la fatalité. Là, on ignore la soumission volontaire et la dépendance respectueuse; et l'harmonie sociale s'enfuit de ces peuples superbes qui, pareils aux peuples de l'Inde et de la Chine, ne savent plus être que l'une de ces deux choses : révoltés ou esclaves, cruels ou rampants.

Aussi, pour gouverner un peuple d'orgueilleux, lorsque ces orgueilleux n'acceptent pas la servitude, le plus grand génie politique ne suffit pas, fût-ce le plus petit des peuples. Pour gouverner la société des humbles, un homme vulgaire, c'est assez. Les humbles vont d'eux-mêmes où l'ordre les appelle ; si pour eux il faut une autorité, ce n'est pas pour les contraindre, c'est pour leur faire signe. Et de ces hommes spontanément soumis et volontairement sujets, n'attendez rien de servile. Le peuple formé aux enseignements de Bethléhem et du Calvaire est soumis, mais il est grand ; soumis sans servilisme, grand sans orgueil, fier sans insolence, sa fierté n'est en lui que le sentiment de la justice, qu'il aime d'autant plus qu'il s'idolâtre moins lui-même. Ces hommes si soumis devant toute légitime autorité sont les seuls qui, au jour des grandes épreuves, ne courbent pas la tête devant le triomphe de l'injustice ; les seuls que les tyrans trouvent debout au milieu de l'abaissement universel. C'est que la même raison qui les fait s'incliner devant l'autorité les rend inflexibles devant l'usurpation; et quand l'homme aspire à prendre dans leur obéissance la place de Dieu, eux seuls aussi savent crier sous la menace de la mort : *Sachez qu'il faut obéir à Dieu plutôt qu'aux hommes* (1). Agneaux devant l'autorité, ils sont des lions devant la tyrannie.

Telle est l'immense portée sociale de l'humilité chrétienne. Messieurs, vous reléguez superbement au fond des cloîtres comme un mysticisme vain la pratique de l'humilité; apprenez tous, vous surtout qui gouvernez des hommes, apprenez le secret de la grande politique. Vous demandez à la législation, à l'adminitration, aux constitutions, au génie ou à la force, la puissance de résoudre en vos mains le problème de l'harmonie sociale; ah! connaissez enfin où gît l'obstacle, et où gît le ressort du gouvernement des peuples; apprenez ce que c'est que l'orgueil, et ce que c'est que l'humilité. L'orgueil, c'est l'indépendance; l'humilité, c'est la soumission. L'orgueil, c'est la révolte; l'humilité, c'est l'obéissance. L'orgueil, c'est la révolution; l'humilité, c'est la restauration.

(1) Act., v, 29.

L'orgueil, c'est l'anarchie ; l'humilité, c'est l'ordre. L'orgueil, c'est le socialisme ; l'humilité, c'est la société. L'orgueil, c'est la haine de l'autorité qui rend les peuples ingouvernables et le gouvernement impossible ; l'humilité, c'est l'amour de l'autorité qui facilite le gouvernement et fait le bonheur des gouvernés. L'humilité, ah ! ce n'est pas seulement l'obéissance à toute autorité légitime, le respect de toute vraie grandeur, elle est l'amour aussi, l'amour de l'autorité qui lui commande et de la grandeur qu'elle vénère. L'humilité porte dans son sein ces trois choses indissolublement unies, l'obéissance, le respect et l'amour ; elle fait par sa propre puissance ce miracle qui est un des plus grands secrets de l'harmonie sociale : elle sait aimer partout ; au-dessous d'elle, si elle est supérieure ; au-dessus, si elle est inférieure ; à ses côtés, si elle est égale. Supérieure, elle exerce un empire fort comme la paternité, doux comme la maternité : inférieure elle accorde une soumission où le respect et l'amour se confondent, et font ce mélange exquis dont le christianisme seul nous fait goûter l'arome : égale, elle embrasse tous ses frères et distribue ses bienfaits dans la mesure de leurs besoins : si elle regarde en haut, ce n'est pas pour jalouser ; si elle regarde en bas, ce n'est pas pour mépriser ; et si elle regarde à ses côtés, ce n'est pas pour haïr : jalousie, haine, mépris, ah ! l'humilité ignore à jamais ces trois enfants de l'orgueil, éternels ennemis de l'ordre ; elle embrasse comme une mère ses propres fils, ces trois choses qu'elle engendre partout et toujours, obéissance, respect, amour : sur ces trois racines fécondes, elle fait croître et s'épanouir la fleur de la fraternité, et produit le fruit généreux de l'ordre social qui fait les générations heureuses et les peuples progressifs.

O Dieu des humbles, auteur de l'ordre et centre de l'harmonie, ah ! laissez-moi voir, avant de mourir, une image au moins de ce que j'ai entrevu en méditant au pied du Calvaire dans la lumière de votre visage, la société des humbles sur la terre ! O soumission, ô respect, ô amour, ô unité, ô harmonie, ô idéal que le Christ nous a montré au fond de cette parole : *Apprenez de moi que je suis doux et humble de cœur ;* et qui fuit toujours sous nos yeux, obscurci par les nuages qu'autour de nous s'élève l'orgueil! oh! cachez-moi ces sociétés livrées à l'esprit de Satan, en proie au démon de l'orgueil, où je ne vois que des hommes ardents à se mépriser, se jalouser, se haïr; et pour me consoler par l'espoir de l'avenir des spectacles du présent, montrez-moi parmi les hommes mes frères, dans la mesure que comporte la terre, cet idéal social que seul le christianisme a pu nous révéler et que seul il peut réaliser parmi nous. Oh! qu'elle est grande et belle la société des humbles! que les princes y sont dévoués et les sujets soumis : que le maître y est doux et le serviteur obéissant; que le riche y est charitable et le pauvre résigné; comme tout est à sa place; comme ce qui est en haut touche avec douceur à ce qui est au milieu : et comme ce qui est au milieu s'unit sans le blesser à ce qui est en bas : dans cette société d'où l'orgueil s'est retiré et où l'humilité règne en souveraine, oh! comme tout est justice, bonté, résignation, patience, amour, fraternité, ordre social enfin!

Salut, ô règne de l'humilité; salut, ô société

des humbles, dont l'image passe devant moi, et m'arrache en passant ce cri de sympathique amour ! Ah ! Messieurs, peut-être vous ne pouvez croire à cet avenir; et vous dites : Illusion, illusion ! Cette vision qui se découvre à vos désirs, ce n'est pas la réalité, c'est le rêve; cette société que vous peignez des couleurs que lui donnent vos espérances, ce n'est pas la terre, c'est le ciel !... Ah ! vous avez raison : ce règne souverain de l'humilité parmi les hommes, son règne parfait, perpétuel, universel, ce serait la société du ciel ! Oui, mais de ce ciel, si nous le voulons, même sur cette terre un reflet peut nous luire ; si l'humilité chrétienne peut redevenir populaire quelque jour, l'enfer social s'enfuira de nous et nous laissera une image de la société des cieux. Je ne sais pas ce qui doit arriver, mais un pressentiment me dit que la société moderne sera sauvée par des petits. Les orgueilleux nous ont perdus, les humbles nous sauveront. C'est la prophétie de notre foi, c'est le rêve de notre espérance, c'est l'ambition de notre amour, pour tant de frères que nous voulons sauver. Aussi, quoi que fasse Satan pour déployer sur nos murs, dans nos forums et dans nos places publiques le drapeau de Babylone, nous tiendrons levé l'étendard de Jérusalem. Tandis qu'il poussera par la richesse, les honneurs et les voluptés, au grand abîme de l'orgueil, nous pousserons avec Jésus-Christ, par la pauvreté, l'austérité et le mépris du monde, au règne de l'humilité, véritable règne de Dieu parmi les hommes.

Et vous, Messieurs, avant de vous retirer, ah ! je vous prie, donnez à ma parole un gage de succès, donnez une récompense à mon apostolat ; faites un acte d'humilité. Sous cette bénédiction qui va tomber sur vous, abaissez vos corps, et vos âmes surtout ; et puis relevez-vous, emportant dans vos âmes une grandeur égale à la profondeur de votre abaissement. Vous êtes plus de quatre mille qui allez vous incliner sous cette main paternelle : or, avec quatre mille humbles, puisant dans leur abaissement volontaire l'intelligence de la vraie grandeur, on peut relever le niveau moral de cette grande cité. Que par la puissance de vos exemples, Paris soit nommé non plus la Babylone de l'orgueil, mais la Jérusalem de l'humilité. Fils de Bethléhem, disciples du Calvaire, avec le Christ abaissez-vous ; et que sur votre abaissement s'élève la cité du progrès, la vraie cité de Dieu !

QUATRIÈME CONFÉRENCE

QUATRIÈME CONFÉRENCE

LE PROGRÈS MORAL

PAR L'AUSTÉRITÉ CHRÉTIENNE

ÉMINENCE,

La première réaction progressive que le christianisme accomplit contre la concupiscence, c'est la réaction de l'humilité contre l'orgueil. Le progrès par le christianisme s'appuie sur cette contradiction apparente : s'abaisser pour s'élever, se diminuer pour grandir. L'homme s'est élevé avec Satan, et il est tombé ; l'homme descend avec Dieu, et il se relève : l'imitation insensée de la grandeur de Dieu l'a perdu ; l'imitation de l'abaissement de Dieu le restaure. La question du progrès est là dans sa racine première : progrès babylonien bâtissant avec Satan sur l'orgueil tout l'édifice du mal, ou progrès chrétien bâtissant avec Jésus-Christ sur l'humilité tout l'édifice du bien. De ces deux progrès, le second seul est véritable. L'humilité produit l'agrandissement de l'homme et de la société : elle donne à l'homme l'élévation dans sa personne et la puissance dans ses œuvres : elle donne à la société le secret de l'harmonie sociale, parce que l'humilité est par son essence même la soumission et l'obéissance, principe conservateur de tout ordre social.

Messieurs, vous ne pouviez entendre sur la question du progrès, qui nous préoccupe tous, d'enseignement plus radicalement chrétien ; et je me réjouis sous les regards et dans le cœur de Jésus-Christ qu'un tel enseignement ait reçu de vos intelligences et de vos cœurs un assentiment dont le témoignage n'a pu m'échapper tout à fait. Je ne puis désespérer de vous, lorsque je vous vois si attentifs et si sympathiques à la doctrine qui produit tous les biens et sauve de tous les maux.

Mais le courant de l'orgueil, n'est pas le seul qui conduit les sociétés sur le penchant de la décadence : avec le courant de l'orgueil, il y a le courant du sensualisme, et à sa suite les plaisirs, les voluptés, les débauches et les orgies de la chair, torrent impur qui entraîne à l'abîme l'humanité qui roule dans son flot. Contre cet autre courant, il faut une autre réaction : la réaction de l'*austérité chrétienne*. C'est sur ce point surtout que se trahit l'impuissance des réformateurs humains. Un vice commun les atteint, et condamne toutes leurs tentatives à d'inévitables avortements : ils n'osent pas. Ils ont peur de toucher à cette force rétrograde, si profonde, si délicate, et si puissante dans l'humanité. Devant la concupiscence de la chair, les uns sont incertains, les autres sont timides, tous sont lâches ; ils n'osent l'attaquer.

Le christianisme l'ose ; c'est sa miraculeuse hardiesse, c'est sa divine audace ; il ose opposer résolument à la concupiscence de la chair la loi de l'austérité. Ici, comme dans le mystère de l'abaissement, brillent la divinité de sa sagesse et la vérité de son progrès. Le sensualisme, avons-nous dit, emporte l'humanité de haut en bas : le christianisme, venu pour rétablir la loi du progrès, devait réagir contre cette tendance en le ramenant de bas en haut. Pour qu'il pût y avoir un agrandissement de l'homme supérieur, il fallait une diminution de l'homme inférieur. Le progrès humain par la diminution de l'homme charnel, telle est la loi du christianisme dont nous avons aujourd'hui à pénétrer le mystère. Par une sorte de défi jeté à la nature de l'homme, et à la science des sages, la mortification s'y pose comme un principe de vie. Nous disions dimanche dernier : S'abaisser pour s'élever, se diminuer pour s'agrandir; nous disons aujourd'hui : Se mortifier : c'est-à-dire se faire mourir pour vivre. A la lettre dans le vrai christianisme, l'homme se fait mourir, il se mortifie, mais pour vivre davantage : car il fait vivre en lui l'homme spirituel de toute la mort qu'il donne à l'homme charnel; c'est-à-dire qu'il fait mourir en lui l'homme de la décadence pour faire vivre en lui l'homme du progrès.

Tel est le second mot de notre mystère : *Ecce mysterium vobis dico.* Ici encore le progrès chrétien s'appuie sur une contradiction : se mortifier pour vivre ; mais c'est par ces contradictions que le christianisme met partout l'harmonie. Sous ce rapport, ce que le christianisme prêchait au commencement, nous le prêchons encore aujourd'hui ; c'est la prédication de Jésus-Christ crucifié : c'est le Verbe de la croix qui sauve tous ceux qui croient en lui. C'est la prédication du progrès véritable. Ce qui a fait le progrès du monde il y a dix-huit siècles, ce fut le triomphe de la mortification chrétienne sur le sensualisme païen ; et ce qui doit, au dix-neuvième siècle, lui donner un nouvel essor, c'est un triomphe pareil sur un paganisme nouveau.

I

Et d'abord, Messieurs, il faut bien entendre comment la mortification chrétienne fut contre le sensualisme païen une réaction progressive.

Sauf de rares exceptions qu'on pourrait nommer monstrueuses, et dont il n'y a pas à s'occuper, tous les hommes qui ont réfléchi sur ce sujet conviennent aujourd'hui qu'à l'époque où le christianisme prit possession du monde, une réaction contre le sensualisme païen était nécessaire. La prépondérance des sens sur l'esprit était universelle, permanente, incontestée. Le corps régnait en souverain : son empire était une tyrannie contre laquelle on ne songeait pas même à protester ; et ce sensualisme pénétrant dans toutes ses profondeurs la civilisation païenne, avait fait éclore, même au milieu de la société la plus polie, la plus savante et la plus lettrée, des mœurs que nous ne pouvons caractériser qu'en leur infligeant comme leur propre appellation, ce mot de l'Écriture, *abominables : Abominabiles facti sunt in studiis suis* (1). Ceux même qu'on nommait sages n'échappaient pas à cette universelle dépravation qui emportait à l'opprobre les plus grands peuples de la terre ; et leur philosophie n'arrivait pas à les dérober à ces passions d'ignomi-

(1) Ps. XLII, 2.

nie que nous ne pouvons pas même nommer. Saint Paul a pu les dire dans des mots que les chrétiens sortis récemment des impuretés du paganisme pouvaient encore entendre comme des évocations de leurs propres souvenirs, mais que nos mœurs transfigurées dans la lumière des siècles chrétiens ne nous autorisent plus même à traduire devant vous.

Ces mœurs sont peintes par des auteurs païens, témoins et coopérateurs de ces sensuelles débauches, et qui ne songeaient nullement en les décrivant à déshonorer le paganisme devant la postérité. Ils ont raconté ces abominations dans une langue plus hardie que la nôtre à dire les hontes de l'homme. Je ne referai pas ici ces tableaux des mœurs du paganisme tracés d'après nature par des mains païennes ; tableaux curieux, mais inutiles pour achever vos convictions. Tous vous admettez cette chute profonde du genre humain dans l'opprobre des sens, à l'époque où le christianisme se présenta pour le purifier. Oui, tous, même ceux qui accordent le moins possible à la transformation morale opérée par le christianisme, conviennent que le sensualisme païen débordait, et que contre ce déluge qui submergeait la terre une vaste et profonde réaction était dévenue nécessaire. La réaction contre le sensualisme était le seul moyen de salut pour ce vieux monde qui, pareil à un homme épuisé par l'orgie, se mourait de débauche. Mais cette réaction, il fallait la faire ; il fallait en avoir l'idée, il fallait en avoir le courage, il fallait en avoir la force. Le christianisme eut cette idée, ce courage, cette force ; il eut tout cela sans système préconçu, sans programme tracé d'avance ; ces trois choses qui échappaient au monde entier, il les eut si je puis le dire, d'instinct ; et c'est, quand on veut y réfléchir, une magnifique démonstration de sa divinité. Le christianisme se présenta tel qu'il était, et il se trouva qu'il était lui-même par lui-même la réaction efficace contre le sensualisme païen.

Mais par quel procédé, par quelles mystérieuses influences cette réaction s'est-elle accomplie ? Ici encore laissons les détails, et, si je l'ose dire, les surfaces. Allons chercher au fond du paganisme l'idée mère qui engendrait toutes ses dégradations. Et puis allons chercher au fond du christianisme l'idée génératrice des réparations dont il porte en son sein l'énergie cachée. De cette double recherche le secret de la restauration chrétienne va sortir avec éclat.

Quelle était, pensez-vous, l'idée mère du paganisme ? quel était son principe, son terme et son centre ? Tout peut s'abréger dans cette pensée qui le résume tout entier : le paganisme avait mis la divinité dans le plaisir, et il l'avait adoré. L'homme, quoi qu'il fasse, est voué à l'adoration ; s'il ne cherche la divinité, la divinité le poursuit ; s'il n'adore le Dieu du ciel, il adore les divinités de la terre ; mais, bon gré mal gré, il faut qu'il adore. Ses efforts mêmes d'athéisme ne le dérobent pas à la nécessité de l'adoration, qui est au fond de sa nature essentiellement adoratrice et toujours prosternée, ne fût-ce que devant un simulacre ou une ombre de Dieu. Ce besoin d'adorer, qui n'est dans l'homme que sa naturelle aspiration de l'infini, le paganisme l'égarait et le faisait tomber à ce qu'il y a de plus éloigné de Dieu. Il tournait aux sens les adorations de l'homme. Sa chair était devenue divine, son plaisir adorable : et il les adorait. En un mot, l'adoration de l'homme était tombée dans sa chair, et le plaisir, à la lettre, était devenu dieu.

Telle était l'idée païenne qui abrégeait le paganisme. Dès lors, le moyen de réaction chrétienne contre le sensualisme païen se trouvait indiqué par l'excès même de ses aberrations, et le remède sortait des profondeurs du mal. Le paganisme faisait adorer le plaisir ; pour réagir contre cette tendance, il fallait porter les adorations de l'homme au point le plus opposé à celui où il les avait placées ; et pour le guérir de l'idolâtrie du plaisir, il n'y avait qu'à lui faire adorer la douleur. Le monde païen tenait au plaisir par son invincible besoin d'adorer, c'est-à-dire par les plus profondes racines de la nature humaine ; il suffisait de reporter jusqu'à la souffrance même ce besoin d'adorer ; et le chef-d'œuvre était de faire de cette souffrance, si abhorrée, si exécrée, non une divinité factice, comme tous les dieux qu'adorait l'ancien monde, mais une divinité réelle, comme le Dieu qu'allait adorer le monde nouveau. Le païen adorait en lui et autour de lui jusqu'aux plus grossières émotions de sa chair ; il se prosternait, non-seulement passionné, mais adorateur, devant une chair vivante, émue au souffle de tous les plaisirs et de toutes les voluptés pour lui devenues saintes. Quel remède plus efficace pouvait trouver Dieu pour nous guérir, que de faire lui-même adorer sa chair frappée de tous les coups, sa chair enveloppée de toutes les douleurs ; sa chair flagellée, meurtrie, sanglante ; et ainsi de faire adorer en lui la souffrance devenue sacrée, la souffrance devenue Dieu ? Essayez de concevoir un plan plus directement progressif et plus efficacement réparateur ; vous n'y parviendrez pas ; et déjà il nous est manifeste que la divine sagesse est au fond de cette pensée. Oui, le Verbe incarné, la sagesse du Dieu fait homme est là : le résultat ne peut être douteux.

En effet : ce plan de réparation venant a se réaliser, voici ce qui devait arriver. Par la force des choses, une adoration devait succéder à une adoration, un culte à un culte, une religion à une religion ; et dès lors un monde devait succéder à un monde ; car le mouvement du monde suit invinciblement ses adorations : il monte si elles montent, il descend si elles descendent. L'adoration humaine allant d'une extrémité à l'autre, un changement radical pouvait s'opérer dans les mœurs ; cette chair déchirée, ce corps flagellé, emblème et réalité de la souffrance adorée, pouvait exercer sur le cœur des générations nouvelles un empire efficace. Par là, la décadence morale atteinte dans sa racine pouvait s'arrêter, et le progrès pouvait marcher. Entre le plaisir et la douleur se disputant les adorations de l'homme, bientôt un grand duel allait avoir lieu dans l'humanité. Mais la souffrance devait vaincre ; car si Dieu était avec elle, s'il l'avait prise en lui, s'il l'avait faite lui-même, son triomphe était assuré : il devait, par la divine attraction de ses souffrances, arracher les générations païennes à ces autels immondes où elles se précipitaient pour adorer le plaisir. Et une fois ce mouvement donné, une fois les adorations humaines changées, la révolution morale devait commencer, et pousser dans les siècles l'humanité purifiée à un perfectionnement qui n'aurait plus d'autre terme que la pureté même de cette chair adorée.

Messieurs, ce que je viens de montrer comme un plan de réaction efficace, et comme une simple supposition, il se trouve que ce fut la miraculeuse invention du christianisme ; invention vraiment divine que l'homme seul n'eût pas même imaginée. Et son invention, ce fut son entreprise ; et son entreprise, ce fut son succès ; et son succès, ce fut la restauration du monde. Le christianisme, debout au milieu des siècles, a pris dans ses deux mains la chair meurtrie de son Dieu crucifié ; il l'a élevée assez haut pour que l'humanité pût la voir de partout ; et il a dit : Nations, adorez-la ; et les nations l'ont adorée.

Chose admirable, le christianisme qui venait dans le monde pour y anéantir le règne de la chair, se trouva, dans sa substance même, n'être autre chose que l'adoration d'une chair, mais d'une chair brisée et humiliée par son contact avec toutes les souffrances. Devant la crèche, devant le Calvaire, devant l'autel, c'est l'adoration de la chair ; à Bethléhem, adoration d'une chair qui naît dans la douleur ; au Calvaire, adoration d'une chair immolée dans la douleur ; à l'autel, adoration d'une chair chaque jour naissante et chaque jour immolée. Cette chair, unie à la personnalité divine, la voilà frappée, meurtrie, immolée de toute manière : et cette chair, c'est tout à la fois la rédemption, le modèle et le Dieu de l'humanité : elle est la rédemption de l'homme tombé dans la servitude de Satan ; et elle est le modèle de l'homme appelé à reconquérir en l'imitant la liberté des enfants de Dieu ; elle est le Dieu de l'homme appelé à vaincre en lui-même l'adoration du plaisir qui fut sa décadence, par l'adoration de la douleur qui sera son progrès.

Voilà, Messieurs, le christianisme : c'est, si vous voulez, son côté austère et sa face lugubre, mais c'est lui : la religion du crucifiement, de la flagellation et de la couronne d'épines ; la religion de la douleur où l'adoration de la souffrance a succédé à l'adoration du plaisir, et où la chair voluptueuse adorée dans des dieux factices est remplacée par une chair souffrante adorée dans un Dieu réel. Sans doute, ce Dieu-Homme, meurtri, flagellé, crucifié, il ressuscitera, et derrière son Golgotha il montrera des ouvertures lumineuses qui laisseront voir rayonnants les sommets du Thabor ; mais ce qui demeurera comme modèle de cette vie d'épreuve où chaque disciple du Christ cherche son Thabor sur les pas du Crucifié, ce sera cette chair divine, immolée, flagellée, sanglante ; en un mot l'Homme-Dieu crucifié, se proposant à l'univers et comme le vrai Dieu qu'il faut adorer, et comme le vrai modèle que tous doivent imiter. Les adorateurs de la chair élèvent vainement contre cette folie de la croix la protestation de leur humaine sagesse. En vain leur philosophie voluptueuse attaque l'austère philosophie du christianisme : l'histoire résiste à leurs tentatives déshonorantes. Nous n'enseignons pas un système ; nous constatons un fait, un fait prodigieux, l'adoration de la souffrance substituée à l'adoration du plaisir, et le culte de l'esprit succédant tout à coup au culte de la chair.

Or, Messieurs, étant admis que le christianisme, tel que je viens de le résumer devant vous, a prévalu dans le monde ; et que cette adoration de la souffrance personnifiée en Jésus-Christ a été acceptée comme le dogme et a pratique du vrai christianisme, il est impossible que vous ne compreniez pas le coup profond qui fut frappé au cœur de l'humanité chrétienne, et ce qui est résulté de son contrecoup pour l'élévation de l'homme, et le progrès du monde.

Par cette substitution du nouveau à l'ancien, voici ce qui devait arriver. L'homme avait imité dans sa chair ce qu'il adorait dans ses dieux : il va continuer d'imiter ce qu'il adore ; mais son Dieu est changé. Les autels de Vénus impudique et de Jupiter adultère sont renversés ; et avec eux ces dieux de chair sont tombés écrasés sous leurs temples. Sur les débris purifiés de ces temples abattus et de leurs dieux pulvérisés, un autre Dieu s'élève, comme les dieux anciens s'apprêtant à faire à son effigie l'humanité qui l'adore. L'humanité est venue, elle a regardé son Dieu crucifié, flagellé, meurtri : elle s'est devant son image prosternée jusqu'à terre dans une adoration ardente et sympathique ; que dis-je ? cette image adorée, elle l'a prise dans ses mains ; elle l'a pressée sur son cœur, et elle a dit en l'arrosant de ses larmes : « O Dieu du Calvaire,

» marque-moi de ton empreinte, et que je de-
» meure à jamais ornée comme de pierres
» précieuses de tes stigmates divins. »

Et quand l'humanité se relevait de cette prostration où elle avait adoré son Dieu flagellé, elle était transfigurée ; ce n'était pas la transfiguration du Thabor ; non, ce n'était que la transfiguration du Calvaire. Mais l'humanité se voyait dans une lumière nouvelle ; elle sentait naître dans son cœur des ambitions qu'elle ne s'était jamais connues, ambition de la flagellation, ambition du couronnement d'épines, ambition du crucifiement, en un mot, ambition de faire sa propre chair à la plus grande ressemblance de cette chair adorée dans son Dieu crucifié. Dites, si vous voulez : « C'est absurde, c'est impossible, c'est in- » sensé : » soit ; mais c'est un fait : et si vous n'entendez rien à la raison du prodige, vous ne pouvez récuser le prodige qui s'est accompli, et s'accomplit encore au grand jour de l'histoire. Une humanité s'est rencontrée partout dans les siècles chrétiens, prise contre sa propre chair d'une cruauté sainte. On eût dit que le plaisir et la souffrance avaient soudainement perdu, l'un ses charmes, l'autre ses horreurs; que le plaisir était devenu la souffrance, et que la souffrance était devenue le plaisir. Du moins est-il certain qu'ils avaient changé de place dans l'estime et l'amour de cette humanité nouvelle. Et cette ambition de la flagellation, et cette passion du crucifiement, ce n'était pas un rêve de philosophie stoïque, c'était un élan d'adoration. Ce n'était pas un orgueil hypocrite disant à la douleur : « Tu n'es rien, je te méprise parce que tu n'atteins qu'une chair que je dédaigne. » C'était un amour naïf qui disait à la souffrance : » Je t'aime, parce tu me représentes Jésus-Christ que j'adore. »

Jusqu'où les saints ont-ils porté cette ambition de souffrir? Jusqu'où est allée, dans ses rigueurs passionnées, cette ambition qui armait les saints contre leur propre chair? Messieurs, si je voulais seulement vous résumer l'histoire de la vie des saints, c'est ici surtout que vous seriez tentés de m'opposer la raison de l'impossible : mon discours pour être vrai serait forcé de n'être plus vraisemblable. Si je vous disais ce qu'ont osé contre leurs corps, non-seulement les martyrs, mais les anachorètes, les solitaires, les pénitents de tous les rangs et de toutes les conditions, cent fois plus flagellés et plus broyés par leurs propres mains et par les inventions de leur amour que les martyrs ne l'étaient par la main des bourreaux et par les inventions de la tyrannie ; si j'étalais devant vous dans toute sa vérité terrible le spectacle de leurs macérations, leurs jeûnes, leurs veilles, leurs cilices, leurs chaînes de fer, leurs disciplines, et ce vêtement de douloureuses blessures, dont ils enveloppaient leurs corps ensanglantés ; si je peignais tout cela dans sa réalité vive, beaucoup d'hommes qui s'estiment intrépides prendraient en entendant ces récits des frayeurs d'enfant, et il diraient : « Non, la faiblesse humaine n'a pu monter jusque-là. » Quoi qu'il en soit, voici le fait dans son résumé véridique : les saints ont épuisé dans leur corps la puissance de souffrir. « Je sais, » me disait un médecin célèbre de cette capi-» tale, je sais tout ce que la maladie peut » amasser de douleurs physiques dans le corps » humain : eh bien, j'affirme que le courage » des saints a surpassé, sous ce rapport, la

» puissance de la maladie : ils ont épuisé à la » lettre toutes les ressources de la douleur. » Je le comprends ; les païens avaient épuisé la volupté, des chrétiens ont épuisé la souffrance.

Mais, ce qu'il importe par-dessus tout de bien comprendre, c'est l'essor nouveau qu'a communiqué à l'humanité chrétienne cette passion de la douleur. Qu'en ont ressenti les âmes, les corps, l'homme tout entier? Sans doute, dans ce mouvement nouveau qui entraînait les saints sur la trace de leur Dieu flagellé, il y eut de pieux excès, où dans des prodiges de force, la faiblesse de l'homme se trahissait encore; je n'ai pas à m'occuper de ces exceptions, je n'ai à constater, au point de vue du progrès général, que l'effet d'ensemble : or l'effet d'ensemble le voici dans sa réalité éclatante; la force morale et la force physique se sont l'une et l'autre retrempées dans la douleur.

Il se forma à tous les rangs de la société des légions d'hommes et de femmes qui, armés contre eux-mêmes du fouet de la flagellation et du glaive de la mortification, s'exerçaient toute leur vie à ces combats généreux : vaincre les corps pour agrandir les âmes. Les saints voulaient d'abord une chose : embrasser le plus possible la douleur physique, pour ressembler le plus possible à leur chef flagellé. Ils ne cherchaient pas, comme on pourrait croire, la douleur pour la douleur; ils la cherchaient et l'embrassaient pour Jésus-Christ et en Jésus-Christ aimé : et même sans y songer, en s'associant à la souffrance, ils s'assimilaient en l'imitant quelque chose de sa divine grandeur. De ces luttes contre la chair devenues héroïques, combats de géants où les âmes étaient aux prises avec les corps pour diminuer l'homme sensuel et agrandir l'homme de l'esprit, les âmes sortirent plus grandes en effet. L'âme humaine retrouva dans ces combats une élévation qu'on ne lui connaissait plus, elle reprit avec toute sa force sa pureté, sa générosité, sa dignité, sa liberté ; elle reprit surtout, dans cet asservissement du corps soumis à des flagellations vengeresses, sa véritable royauté.

Et l'agrandissement des âmes rejaillissant sur le visage de l'homme y imprima comme un sceau d'incomparable grandeur. Une physionomie se révéla dans l'humanité, portant, avec le signe du Crucifié, un trait de majesté inconnue à l'antiquité païenne. On vit paraître des visages que l'art antique n'a pu peindre, parce qu'il ne les avait jamais rencontrés ; visages austères et doux, aux saillies majestueuses et aux regards sereins ; amaigris, non plus par l'excès des voluptés, mais par l'usage de l'austérité ; portant sur leur front un sillon généreux où la majesté de l'homme se retrouvait tout entière. Le corps lui-même, associé par ses douleurs à cette rénovation de l'homme, reprit une force et une élasticité nouvelles. Dans ces flots de sang versé par l'austérité libre, la chair elle-même se retrempa, se purifia et se fortifia tout ensemble ; et, effaçant de plus en plus d'elle le signe de la bête, elle prit dans des multitudes transfigurées quelque chose d'angélique. Le corps, devenu à force de discipline moins pesant et plus éthéré, entra avec souplesse et agilité dans le mouvement de l'esprit ; et, affranchies des servitudes charnelles, les âmes non-seulement portaient, mais enlevaient leur corps dans le vol léger qui les portait à Dieu.

Ce prodige de transformation humaine alla si loin, que l'on put voir dans quelques saints comme une restauration de toute notre grandeur primitive ; l'âme, délivrée de l'esclavage du corps, avait repris sur lui quelque chose de son premier empire, en lui faisant sentir la domination de la Croix.

Ainsi l'austérité chrétienne, en diminuant l'homme par un côté, l'avait rehaussé par toutes ses faces. De ce creuset de la douleur un homme nouveau était sorti, et c'était un homme plus grand que l'homme ancien. De cette terre vivante de l'humanité fécondée par la souffrance, arrosée des eaux du sacrifice et du sang du martyre, mille fleurs nouvelles avaient germé et s'étaient épanouies sous le visage du Crucifié pour embaumer de leur parfum le monde régénéré : et parmi elles, une fleur plus belle et plus suave que toutes les autres apparaissait de tous côtés, comme le produit spontané de la mortification chrétienne, la fleur incomparable de la chasteté. Oui, comme le sensualisme païen faisait sortir de son fond la fleur de la volupté, l'austérité chrétienne faisait épanouir au milieu de ses rigueurs la fleur de la chasteté, comme une rose épanouie au bout de la tige hérissée par des épines. O divine chasteté, le monde ne vous connaissait plus, et pour vous retrouver il fallait remonter au ciel, où fleurit éternellement, dans la cité de Dieu, la pureté des esprits. Aussi, ce fut une grande époque dans la vie de l'humanité, un signe éclatant du progrès qu'elle avait fait en marchant dans la douleur, lorsque, du sein de tant de corruptions accumulées par l'impureté païenne, sur les vestiges de la religion nouvelle on vous vit reparaître, comme un beau lis sortant du fond des ruines, pour fleurir au soleil.

Ah! quand je vois d'ici les chœurs de vierges de tout sexe et de toute condition, voilés de leur pudeur et ornés de leur sainteté, sortir de ces temples et de ces catacombes où leur corps vient de toucher la chair du Dieu crucifié ; quand je vois surtout des vierges comme sainte Lucie, sainte Agathe, sainte Agnès, sainte Cécile, triompher tout à la fois des attaques de la cruauté et des attaques encore plus redoutables de la volupté, avec une force et une aisance dont l'humanité s'étonne, et que la nature ne comprend pas; oh! alors, devant ce spectacle que l'histoire découvre à mon âme ravie, j'éprouve le besoin de m'écrier : Le plaisir est détrôné, la souffrance a vaincu! L'âme a retrouvé sa grandeur, la physionomie sa majesté; le corps lui-même a repris avec sa force sa pureté virginale : l'empire de l'austérité a remplacé l'empire de la volupté, comme l'empire de l'humilité a succédé à l'empire de l'orgueil. Gloire à Dieu! le monde est changé; l'humanité est agrandie, le Progrès marchera; il marchera, comme il a commencé, dans la souffrance et dans l'austérité chrétiennes. Les philosophies sensuelles, les poésies sensuelles, les littératures sensuelles, viendront semer notre route de fleurs, de parfums, de plaisirs, de voluptés : elles séduiront une heure l'humanité rétrograde et trompée. Mais toutes les fois que l'humanité désabusée voudra vraiment se relever, ah! je sais bien ce qu'elle fera; elle rejettera ces fleurs, ces parfums, ces charmes que les passions et les erreurs sèment au chemin des peuples qui descendent; elle reprendra pour les combats de sa vie ascendante la forte cuirasse de l'austérité :

elle découvrira le visage de son Christ voilé par des doctrines voluptueuses; et prenant dans sa main ce drapeau séculaire qui l'a guidée jusqu'ici à toutes ses conquêtes, la croix, toujours la croix, — elle dira : Fils du Calvaire, poursuivons notre route : anathème au plaisir; à nous l'austérité : le plaisir est rétrograde; l'austérité est progressive.

Voilà, Messieurs, ce que l'humanité chrétienne, à partir du Calvaire, a fait à l'heure de toutes ses grandes crises; elle a repris dans sa main le signe de la douleur, et dans son cœur l'amour de l'austérité : et elle a marché dans le progrès. Or, ce qu'elle a fait il y a dix-huit siècles, ce qu'elle a fait à toutes ses grandes phases, il faut qu'elle le fasse au dix-neuvième siècle, dans la mesure du moins des besoins de ce siècle. Notre progrès est à cette condition : contre un sensualisme nouveau il faut une réaction nouvelle.

II

Déjà, l'année dernière, par un coup d'œil rapide, j'ai montré le sensualisme comme résumant les tendances générales de notre siècle. Aujourd'hui, pour bien établir la nécessité urgente d'une nouvelle réaction chrétienne contre le sensualisme du siècle, je dois dégager de ce fond sensuel une idée directement opposée à la doctrine que je prêche, et qui est elle-même la plus complète expression du sensualisme contemporain.

Il existe, Messieurs, à l'heure où je vous parle, dans l'Europe moderne et surtout dans notre France, je ne sais combien de sectes nouvelles, portant des noms divers, mais toutes se rencontrant dans cette idée commune : le progrès de l'avenir par la substitution d'un christianisme nouveau au christianisme ancien. Ces sectes renouvelées de Marcion, de Cérinthe, de Valentin ou de Carpocrate, affectent, pour cause, un langage nouveau et une science obscure. Véritable gnosticisme rajeuni de dix-sept siècles, ces sectes qui protestent de leur respect pour l'Évangile montrent pour la mortification évangélique une horreur qu'elles estiment sainte : en dénonçant la mortification devant la raison de ce siècle passionné pour le Progrès, elles disent : L'austérité chrétienne, c'est l'obstacle à notre progrès, c'est le principe de nos décadences. A entendre les apôtres de ce progrès nouveau, le christianisme, il y a dix-huit siècles, avec son Calvaire et sa croix, fut un bienfait pour le monde ; mais aujourd'hui l'austérité chrétienne est la grande plaie de l'humanité, c'est le point d'arrêt de nos progrès ; et ce qui fut alors force progressive est aujourd'hui force rétrograde. La mortification chrétienne fut salutaire comme réaction contre le sensualisme païen, et elle détermina accidentellement un progrès véritable ; mais cette réaction, au point de vue du Progrès général de l'humanité, n'a pu valoir que comme une transition. Exagération de l'empire de l'esprit au détriment de l'empire du corps, la mortification chrétienne doit disparaître pour faire place à une morale plus élevée, plus complète, surtout plus harmonieuse ; car c'est le rêve le plus aimé de cette philosophie charmante, de tenir l'humanité sur la ligne du devoir dans un équilibre parfait, entre les excès du sensualisme païen et les excès de l'ascétisme chrétien. Si vous voulez savoir ce que pense, ce que veut cette doctrine aussi confiante dans ses espérances qu'elle est naïve dans sa foi, le voici dans un abrégé impartial et véridique. Elle-même va vous dire, avec son but et ses moyens, le secret profond qu'elle apporte à la terre.

Un grand progrès doit s'accomplir au dix-neuvième siècle, mais par un procédé diamétralement opposé à celui que jusqu'ici a suivi le christianisme. Le christianisme a le tort impardonnable d'outrager la nature et d'exterminer la chair, et les austérités des saints précipitent notre décadence. Là est le mal de notre temps; et l'heure est venue de le combattre. Il faut se hâter d'arrêter dans les multitudes que le christianisme gouverne encore l'excès des jeûnes, des abstinences et des macérations. Il faut guérir par le charme oublié de la vie des sens ce goût dépravé que gardent les chrétiens pour les joies du Calvaire. Surtout, il faut, de la part de tous les hommes et de toutes les femmes libres ou qui aspirent à l'être, une fraternelle conspiration contre cette tyrannie que le christianisme fait peser depuis dix-huit siècles sur les droits méconnus du corps et de la chair. La religion chrétienne assurément est une grande religion ; nous voulons bien reconnaître le principe d'amour qui est le fond de sa vie, la sublimité de sa morale, la puissance de son unité et l'ordre splendide de sa hiérarchie. Nous consentirions même à admettre avec elle la plupart de ses dogmes, sauf à les expliquer ou à les réformer notablement. Nous reconnaissons qu'il n'existe pas de doctrine plus complète ni d'institution plus forte que la doctrine et l'institution catholique ; et nous consentons à ne pas détruire tout à fait le christianisme. Mais nous exigeons des concessions, non-seulement dans l'ordre dogmatique, mais dans l'ordre moral. On demande au christianisme de rabattre un peu de la sévérité chrétienne ; on supplie cette religion de l'esprit d'être moins intraitable envers la chair : Au nom de l'humanité, prenez un peu pitié de notre chair humaine. Il y a dix-huit siècles que vous la tenez captive ; l'heure de l'affranchissement a sonné pour elle ; nous proclamons les droits de la chair ; nous demandons comme gage du progrès de l'avenir, dans la société l'égalité du souverain et des sujets ; dans la famille l'égalité de l'homme et de la femme ; dans l'homme l'égalité de la chair et de l'esprit ; et nous levons sur nos têtes ce drapeau généreux qui doit guider les peuples à la conquête du progrès : *Réhabilitation de la chair.*

Telle est la doctrine qui fit naguère beaucoup de bruit en faisant peu de mal, et qui fait aujourd'hui beaucoup de mal en faisant peu de bruit : elle circule, elle s'étend, elle gagne comme un cancer les âmes amollies, ouvertes d'avance aux enseignements malsains. Du fond de ses formules confuses, toujours une même chose se dégage : la chair. Affranchissement de la chair, égalité de l'esprit et de la chair, harmonie de l'esprit et de la chair, droits de la chair, dignité de la chair, réhabilitation de la chair. La chair, toujours la chair! On n'a pour quoi que ce soit plus d'égards, plus de considération, plus de sollicitude, plus de tendresse.

Qui croirait, Messieurs, que cette doctrine, si adulatrice de la chair, soit descendue des hauteurs de la métaphysique ? Cependant rien n'est plus palpable. A travers cette morale, si bonne aux faiblesses, si facile aux passions et où l'on sent passer tant de souffles de volupté, le panthéisme laisse percer son visage. L'égalité pratique de la chair et de l'esprit n'est qu'un corollaire de son dogme fondamental. D'après les données du panthéisme moderne, l'esprit et la chair sont les deux grandes manifestations de l'Être divin dans la nature humaine ; l'une et l'autre ont dans l'homme leur plus haute et leur plus complète expression. Dès lors, l'une est aussi légitime que l'autre ; les droits de l'esprit et de la chair ont dans leur commune divinité la raison de leur égale légitimité. Les instincts et les tendances de l'esprit sont tournés vers le monde intelligible ; les instincts et les tendances de la chair sont tournés vers le monde matériel : or, le monde intelligible, c'est Dieu ; et le monde matériel, c'est encore Dieu : dès lors pourquoi Dieu opprimerait-il Dieu ? pourquoi entre le divin et le divin une lutte, un antagonisme, une dépendance ? Et pourquoi les droits de la chair, qui est divine aussi, seraient-ils immolés en holocauste à la divinité de l'esprit ? Ainsi, vous le voyez, des sommets de l'ontologie panthéiste aux profondeurs de cette morale épicurienne, il n'y a que la distance de deux syllogismes.

Messieurs, vous voudriez peut-être qu'à l'exposé de ces doctrines je misse des noms propres, ne fût-ce que pour donner aux maîtres ou aux disciples le droit de réclamer. Je n'en ferai rien. Je me prends aux idées, non aux personnes : de quelque nom que ces doctrines se signent, peu importe à la question. Je garde mon amour aux hommes placés par leurs erreurs sous le coup de la parole qui frappe les idées, mais je n'en frappe pas moins les idées. Et quant à l'idée dont il s'agit ici, *égalité de la chair et de l'esprit*, *réhabilitation de la chair*, je laisse tomber sur elle ce mot qui est son stigmate mérité : *dégradante*, *rétrograde!*

En prononçant ce mot, je ne songe à insulter ni à contrister les hommes, je prétends montrer l'aboutissement des choses. Suivez par votre pensée attentive les conséquences pratiques de ce principe fondamental dans la doctrine que nous signalons : *Égalité de l'esprit et de la chair ;* et vous en serez effrayés.

Les propagateurs de cette idée en mesurent peu la portée ; ils paraissent ignorer les désastres qu'elle renferme. Une chose les empêche de voir; ils ne comptent pas avec la chute originelle. L'idée elle-même exige pour se soutenir que le péché originel n'existe pas; et ils font une facile justice de ce *mythe* de l'Éden, que les peuples ne se seraient fait que pour se consoler de la misère présente par le souvenir d'une félicité perdue. Mais au moins faut-il bien qu'ils comptent avec la réalité vivante de la nature humaine au dix-neuvième siècle. Quoi qu'il en soit d'Adam et de l'Éden, notre vie actuelle n'est pas un mythe : vous n'êtes pas pour moi un mythe; je ne suis pas pour vous un mythe; vous voilà et me voici, portant un esprit qui se connaît enchaîné à une chair qui se sent. Or, de quelque cause que cela provienne, c'est un fait dont la connaissance est pour nous infaillible comme le sentiment de la vie; cette chair qu'on nous demande d'affranchir et de réhabiliter est une chair qui se révolte et qui a des exigences insolentes. Le corps humain est un égoïste et un révolté; comme les égoïstes et les révoltés de tous les temps et de toutes les conditions, il exagère ses besoins, il prétend que ses besoins sont des droits : et c'est se moquer par trop solennellement du bon sens du genre humain, de demander des réhabilitations pour cet esclave rebelle qui mérite le châtiment. Ah ! au lieu de reprocher à l'esprit sa tyrannie sur la chair, il faut bien plutôt reprocher à la chair ses révoltes contre l'esprit. Si l'homme se dégrade, ce n'est pas pour tenir trop ferme le sceptre de l'esprit, c'est pour se montrer trop faible devant les rébellions de sa chair. Vous voulez anéantir dans l'homme le despotisme de l'esprit, et vous demandez l'affranchissement de la chair, la réhabilitation de la chair. Avec ce principe essayez l'éducation d'un enfant, essayez l'éducation d'un peuple : savez-vous ce que vous ferez, et dans cet enfant et dans ce peuple ? Vous conduirez l'un et l'autre à la dégradation, si ce n'est à la destruction. Abandonnez un enfant aux exigences de son corps ; livrez-le affranchi des répressions de l'esprit à la libre expansion de sa chair ? Que deviendra-t-il ? que fera-t-il ? il se dégradera, ils'énervera, peut-être il s'exterminera lui-même. L'animal s'arrêtera d'instinct à la limite du besoin, l'enfant la dépassera ; il tournera son esprit à la ruine de son corps ; et ramenant aux grossières satisfactions de sa chair l'immensité naissante de ses désirs, il brisera ce frêle instrument, assez fort pour les susciter, trop faible pour les rassasier. Ah ! si vous en doutez, interrogez ceux qui savent. Demandez aux disciples d'Hippocrate qui ont retenu la leçon du maître ce que peut devenir un enfant livré à cette éducation homicide, qui se vante en réhabilitant la chair d'agrandir l'humanité !

Et un peuple, Messieurs, imaginez-vous ce que pourrait devenir un peuple marchant à son progrès sous ce drapeau d'ignominie, *réhabilitation de la chair?* Ce qu'il deviendrait ! ah ! je n'ose le dire : si grand fût-il par la conquête ou la civilisation, il irait où vont tous les peuples qui pratiquent cette formule, à l'état sauvage, à la barbarie du moins. Car, ne l'oubliez pas, la réhabilitation de la chair telle qu'on la demande emporterait dans l'homme la destitution de l'esprit. Et la destitution de l'esprit, dans la nature humaine, qu'est-ce que c'est, je vous prie ? Tout vous répond : Barbarie ! état sauvage ! Plus s'étend dans les peuples comme dans les hommes le règne de la chair, plus se resserre et diminue le règne de l'esprit. Cet équilibre parfait, cette harmonieuse égalité de l'esprit et de la chair n'est qu'un rêve de volupté, une chimère poursuivie par des cerveaux malades; c'est un démenti donné au plus pur christianisme ; et ce démenti donné au christianisme n'est égalé que par celui que donnent à l'histoire ces systèmes humanitaires qui n'ont pas même le vulgaire mérite de connaître l'humanité. Le christianisme, ah! Messieurs, c'est cette parole de saint Paul, dont la vérité est immortelle : *La chair convoite contre l'esprit, l'esprit contre la chair :* et l'histoire c'est le contre-coup de cette lutte dont chaque homme entend le bruit au dedans de lui-même, comme on l'entend partout retentissant dans l'univers : égalité de l'esprit et de la chair, roman de l'humanité et dégradation des peuples; lutte de l'esprit contre la chair, histoire de l'humanité et Progrès des nations.

Mais, Messieurs, laissons de côté un moment ce qui ne regarde que l'humanité en général ; mettons cette doctrine face à face avec les besoins de notre siècle, car c'est de notre siècle qu'il s'agit ici; et demandons-nous en regardant telle qu'elle nous apparaît l'humanité contemporaine, si cette doctrine est celle qui nous peut sauver, et si son apostolat peut être vraiment pour nous un apostolat de Progrès.

Messieurs, quand je considère ce qui se passe autour de nous, aujourd'hui que le christianisme, entraînant encore après lui l'humanité généreuse, tient si ferme et si haut au milieu des nations le sceptre de l'esprit, je me demande ce qui arriverait, si, cette grande royauté de l'esprit venant à disparaître tout à coup avec tous ceux qui l'acceptent, il ne restait plus au milieu de nous, pour faire marcher la société dans la voie de son progrès, que la royauté de la chair et ceux qui se proclament ses sujets. Dites-moi, je vous prie, où est à l'heure où je vous parle, dans la France et dans toute l'Europe, le danger des sociétés et la cause de décadence? On demande la diminution de l'empire de l'esprit et l'agrandissement de l'empire de la chair; mais est-ce donc que l'esprit règne trop aujourd'hui sur les multitudes, et que la chair ne règne pas assez? Quoi! les droits de l'esprit sont trop reconnus, les droits de la chair trop oubliés? Quoi! l'esprit est trop exalté, la chair trop humiliée? Quoi! l'esprit est trop respecté, la chair trop méprisée? et voilà notre danger? Quoi! ce qui menace de nous corrompre, de nous perdre, de nous dégrader, c'est l'excès de nos jeûnes, de nos abstinences, de nos flagellations et de toutes nos austérités? Quoi! le danger du siècle, ce sont vos cilices, vos haires, vos disciplines et tous ces affreux instruments par lesquels un ascétisme lugubre tourmente, flagelle et démolit vos corps? Ah! vous ne le croyez pas; et votre sourire, Messieurs, me semble dire assez que, dans votre pensée comme dans la mienne, le danger est ailleurs. Non, ce qui nous menace, ce n'est pas l'excès de l'austérité chrétienne, c'est son absence : ce qui perd l'humanité de nos jours, non, ce n'est pas le règne exagéré de l'esprit, c'est la domination immodérée de la chair. Je vois passer sous mes yeux des corps rompus et courbés avant la vieillesse; mais ces corps, qui les a brisés? Je rencontre des vies caduques et flétries avant le temps; mais ces vies, qui les a flétries ? et qui leur a infligé l'opprobre d'une caducité précoce ? Je vois paraître des visages amaigris et pâles, même au printemps de l'âge ! mais cette pâleur, d'où vient-elle ? Cette maigreur, qui l'a faite ? est-ce l'excès de la pénitence ? est-ce l'excès de la débauche ? Peut-être !... Et parmi ces êtres ravagés, dévastés, défigurés, qui tombent du théâtre du monde au fond des hôpitaux, rendez-vous de toutes les douleurs, combien sont tombés là ruinés par les excès de l'austorité chrétienne ? Pas un. Et combien y sont tombés par l'excès de la volupté et de la débauche païenne ? Ah ! je n'ose répondre. Et ce règne de la chair qui signale son passage dans la vie par d'irréparables outrages, et quelquefois par les honteux stigmates qu'il attache à la chair elle-même, on trouve qu'il n'est pas assez grand ! et l'on demande pour elle des droits nouveaux, des réhabilitations nouvelles, un empire nouveau !

Quoi ! vous parlez des droits de la chair ? vous proclamez les droits de la chair ? Je pourrais vous demander : Qu'est-ce que cela veut dire ? Quand vous disiez : Les *droits de l'homme*, je pouvais m'étonner, je comprenais du moins ; quand vous dites : *Droits de la chair,* je ne vous comprends plus ; et je ne puis que m'affliger de cette barbarie de langage qui nous revient en pleine civilisation par la bouche des savants. Mais enfin puisque pour nous faire entendre il faut parler votre langue, puisqu'il faut dire avec vous, *droits de la chair ;* au nom de la vérité, daignez nous répondre : Est-ce que les droits de la chair ne sont pas assez reconnus? Je vous dis, moi, qu'ils le sont trop. Ah! ce que vous méconnaissez, ce que vous violez, ce que vous outragez, ce sont les droits de l'esprit. La chair est flattée, caressée, adulée ; la chair est parée, embellie, parfumée ; elle est, permettez ce mot familier, choyée de toute manière. Ce n'est pas assez ; la chair, aujourd'hui, est exaltée, glorifiée, chantée par des génies en renom ; il ne lui manquait plus, pour nous ramener au paganisme, que de se faire adorer ; et il y en a qui l'adorent. Oui, dans un monde dont ma parole ici ne pourrait peindre les mœurs, après dix-huit siècles de christianisme, l'idole de la chair s'est relevée, et elle trouve des adorateurs !

Et ceux-là mêmes qui reconnaissent encore avec le règne du vrai christianisme la royauté de l'esprit, ne se font que trop les très-humbles et très-obéissants serviteurs de la chair. Il y a un monde chrétien qui a horreur de l'austérité chrétienne : la mollesse de notre temps se trahit de toute manière; et la vie contemporaine, au point de vue où nous sommes, devient par trop étrange. A Paris, trois mois de plaisirs, de fêtes, de spectacles, de bals, de danses, de festins, le tout pour le plus grand honneur et à la plus grande satisfaction de la chair. Trois autres mois à refaire aux brises du rivage, et à retremper dans les vagues de la mer une chair amollie dans l'atmosphère des plaisirs, ébranlée au contact des jouissances de la terre. Trois autres mois à chercher, comme les oiseaux qui fuient l'aquilon, des soleils chauds et des climats sans rigueurs. Le reste passé dans le rien faire, à bercer sa paresse dans de doux loisirs, et à se retrancher au fond de sa demeure contre l'injure des frimas. Telle est, Messieurs, l'orbite fortunée où la vie contemporaine de beaucoup de gens accomplit sa révolution annuelle : éternel printemps où tout est arrangé, non par la providence de Dieu, mais par la mollesse des hommes, pour que le corps ne rencontre plus ni une privation qui l'éprouve ni un souffle qui le blesse.

Eh bien, après tant de ménagements, d'industries et d'inventions imaginées par le génie de ce siècle pour conserver au corps sa séve, sa fleur, sa beauté, sa force, l'austère carême revient avec ses rigueurs toujours plus adoucies ; et pour porter le poids du jeûne tous les corps sont trop faibles ; et la minorité assez robuste encore pour accepter le fardeau des prescriptions communes devient pour notre siècle une sorte de race athlétique, et son austérité une vertu exceptionnelle que le vulgaire des chrétiens doit désormais renoncer à imiter. O progrès ! Et tandis que dans les énervements de la chair le jeûne périt chaque jour, que devient l'abstinence? Autrefois, quand l'austérité chrétienne était dans sa vigueur, on dit que le végétal seul suffisait à faire vivre soixante-dix ans ; et la pensée ne venait à personne que manger la chair des animaux fût devenu pour l'homme une condition de vitalité.

O temps ! ô mœurs ! L'Église catholique, demandant durant l'année une application de la loi de mortification, dit aux siens : « Deux jours de la semaine vous ne mangerez pas la chair des animaux. » Et dans beaucoup d'endroits déjà où le progrès du siècle a marché davantage, la loi de l'abstinence se réduit à un seul jour : un seul jour sur sept ne pas manger de chair ! L'Église catholique ose encore le demander, mais notre siècle n'ose plus l'accomplir ; il répond : *impossible*. Allez voir les chrétiens rangés le vendredi autour de la table où viennent s'asseoir ceux qui reconnaissent l'obligation d'honorer par une abstinence le souvenir de leur Dieu crucifié : quelle dérision et de la loi de l'Église et de la passion de Jésus-Christ! La prévarication est tellement supposée comme le fait universel, qu'on ne tient plus même compte de la possibilité d'une exception ; des chrétiens imposent à des chrétiens, et des catholiques à des catholiques la nécessité de violer leur foi et d'outrager leur Dieu. Ainsi le veut le siècle ; le festin n'est préparé que pour les violateurs de la loi de Jésus-Christ. Et s'il paraît là un chrétien des anciens jours qui ose protester par son abstention contre l'universelle violation, on regarde avec surprise ce revenant d'un autre âge ; et tous les heureux disciples du progrès sensuel disent avec étonnement : Quel est ce barbare qui peut vivre un jour sans manger de la chair? O progrès !

Vous dites peut-être en entendant ce discours : « Vous oubliez qne nos corps n'ont plus la vigueur qu'ils avaient autrefois. » Ah ! vous avez raison : nos corps n'ont plus la même vigueur qu'on voyait dans nos chrétiens des anciens jours ; je l'accorde, et je suis bien loin de l'oublier ; mais je le demande: De cette différence quelle est la cause ? pourquoi êtes-vous moins robustes que vos pères ? et pourquoi vos enfants s'annoncent-ils comme devant être encore plus faibles que vous-mêmes ? Là est la question. Pourquoi nos corps vont-ils s'affaiblissant de jour en jour ? parce que tout conspire autour de vous à les amollir de plus en plus ; parce que l'atmosphère où ils vivent est une atmosphère essentiellement énervante ; parce que vous ôtez de plus en plus aux corps, comme vous travaillez à ôter aux âmes, l'aiguillon de la douleur, le nerf de l'austérité et le fortifiant de la privation ; parce qu'enfin ce que le siècle nomme aujourd'hui d'un nom qui n'aura jamais tout à fait l'honneur de devenir français, le *confortable*, n'est, par une dérision du langage, que l'universel affaiblissement des âmes accéléré par l'amollissement des corps ; si bien que tandis que, d'un côté, nous nous autorisons de la faiblesse de nos corps pour échapper à la loi de l'austérité, le rejet de la loi de l'austérité contribue de plus en plus à l'affaiblissement de nos corps.

Voilà le cercle doublement vicieux où notre siècle emporte à travers tous les ménagements de la chair nos générations amollies. Et pour nous arracher à ce cercle, pour nous dérober à ce désordre toujours croissant, où, comme en tout désordre, l'humanité ne trouve qu'affaiblissement et décadence, pour nous restituer la force et nous replacer dans l'harmonie, on vient nous proposer de réhabiliter la chair ! on ose nous demander de faire à la chair une plus grande part dans la vie et de diminuer peu à peu, pour arriver bientôt à les supprimer entièrement, ce qui a fait notre force et notre restauration, le ressort de l'austérité et la loi de mortification ! O folie, ô dérision, ô aveuglement ! et sans sentir se soulever notre dignité d'homme et notre conscience de chrétien, nous avons lu les livres et entendu les discours qui insultent à ce point et la raison, et le christianisme, et l'humanité !...

Ah ! Messieurs, si vous voulez savoir comment vous pourrez sortir de ce cercle fatal où l'erreur médite de vous enfermer à jamais, je vous le dirai d'un seul mot. Vous en sortirez par le chemin du Calvaire. Le sensualisme païen vous dégrade ; seule, l'austérité chrétienne aura la puissance de vous relever. Je disais dimanche : L'orgueil nous a perdus, l'humilité nous sauvera. J'ajoute aujourd'hui : La mollesse païenne vous perd, l'austérité chrétienne vous sauvera. On vous demande la réhabilitation de la chair ; nous vous demandons, nous, la réhabilitation de l'esprit. Car, ce qui est captif de nos jours, ce qui est humilié, ce qui est dégradé enfin, je vous le redis parce que vous ne le comprendrez jamais assez, ce n'est pas la chair, c'est l'esprit.

Donc, que l'esprit se relève et se réhabilite ; qu'il reprenne son empire aux dix-neuvième siècle, et qu'il le reprenne comme il l'a repris au commencement, en faisant toucher son sceptre à la croix de Jésus-Christ, et en appuyant son trône sur le rocher du Calvaire. Certes, Messieurs, je ne vous demande pas, comme loi de votre vie, la pratique des plus grands chrétiens. Je ne vous dis pas de vous couvrir de haires, de cilices, de chaînes de fer ; je ne vous dis pas de retremper, comme ces hommes héroïques, l'énergie de vos âmes dans le sang de vos blessures ; mais je vous dis : Acceptez dans une mesure la loi qui est la vôtre, la loi de l'austérité. Ne croyez pas ceux qui disent que l'humanité avec le Christ doit descendre de la croix. Prenez votre part de la vie du Calvaire, et gardez pour les héroïsmes que vous ne pouvez imiter une sincère admiration et d'inépuisables respects.

Ah ! je le sais, la pénitence corporelle, le jeûne, l'abstinence, la discipline et la flagellation des saints, prête à rire à des penseurs de ce temps, trop sages pour pratiquer de telles folies. Ils ont plus d'égards pour la chair, plus de respect, surtout plus d'amour pour leur corps ; et ils disent en souriant à l'austérité chrétienne: Ascétisme, moyen âge, fanatisme!.. Laissons passer le siècle avec ces lâches discours et ces faciles injures. La vérité est que châtier volontairement son corps pour venger la dignité de l'âme outragée par ses révoltes est une sainte et sublime chose. La vérité est, quoi qu'en pensent les faux sages, que réduire, comme saint Paul, sa chair en servitude, non-seulement pour n'être pas un réprouvé, mais ne fût-ce que pour être bien sûr qu'on ne deviendra jamais son esclave, sera toujours un acte de courage et de magnanimité. La vérité est que pour accorder à son corps le plaisir dans un but de satisfaction égoïste, il suffit d'être un misérable ; et que pour infliger à son corps la douleur volontaire dans un but de restauration morale, il faut être courageux, il faut être vraiment grand. La vérité est enfin que cette race de mortifiés, dont on livre l'héroïsme à la risée populaire, ouvre devant le siècle la route du progrès ; parce que, mortifiant la chair pour faire mieux vivre l'esprit, elle maintient et développe en elle la vraie grandeur de l'homme.

Le ciel en soit béni, cette race héroïque n'est pas éteinte dans le christianisme; et je suis heureux de vous apprendre, si vous aviez le malheur de l'ignorer, que ces merveilles de l'austérité chrétienne ne sont pas à jamais reléguées dans le domaine de l'archéologie sacrée. C'est de l'histoire vivante encore. La tradition du Calvaire n'est pas oubliée tout à fait; et les orgies d'un paganisme nouveau n'ont pas étouffé au dix-neuvième siècle les saintes austérités de la croix. Il y en a parmi vous qui, sous un vêtement qui satisfait aux exigences du monde et brille aux regards des hommes, en portent un autre qui satisfait aux exigences du Calvaire et réjouit les yeux du Crucifié. A ceux-là je crie de toute mon âme : Courage, courage à toutes les victimes volontaires; courage à tous les flagellés; courage à tous les couronnés d'épines; courage à tous les stigmatisés de Jésus-Christ : oui, courage à vous tous, héros de l'humanité qui remonte, précédez-nous dans la voie du Calvaire. Si nous ne pouvons vous suivre de près, nous vous suivrons de loin; car vous seuls êtes au chemin qu'il faut suivre. Le chemin du progrès, comme celui du Calvaire, est un chemin douloureux : nous le gravirons avec vous, portant dans les luttes de la chair et les agonies de l'esprit le drapeau qui seul peut nous guider à des progrès nouveaux ; et ce drapeau généreux faisant planer sur les corruptions du siècle le signe de la pureté triomphera une fois de plus par l'austérité chrétienne du sensualisme païen.

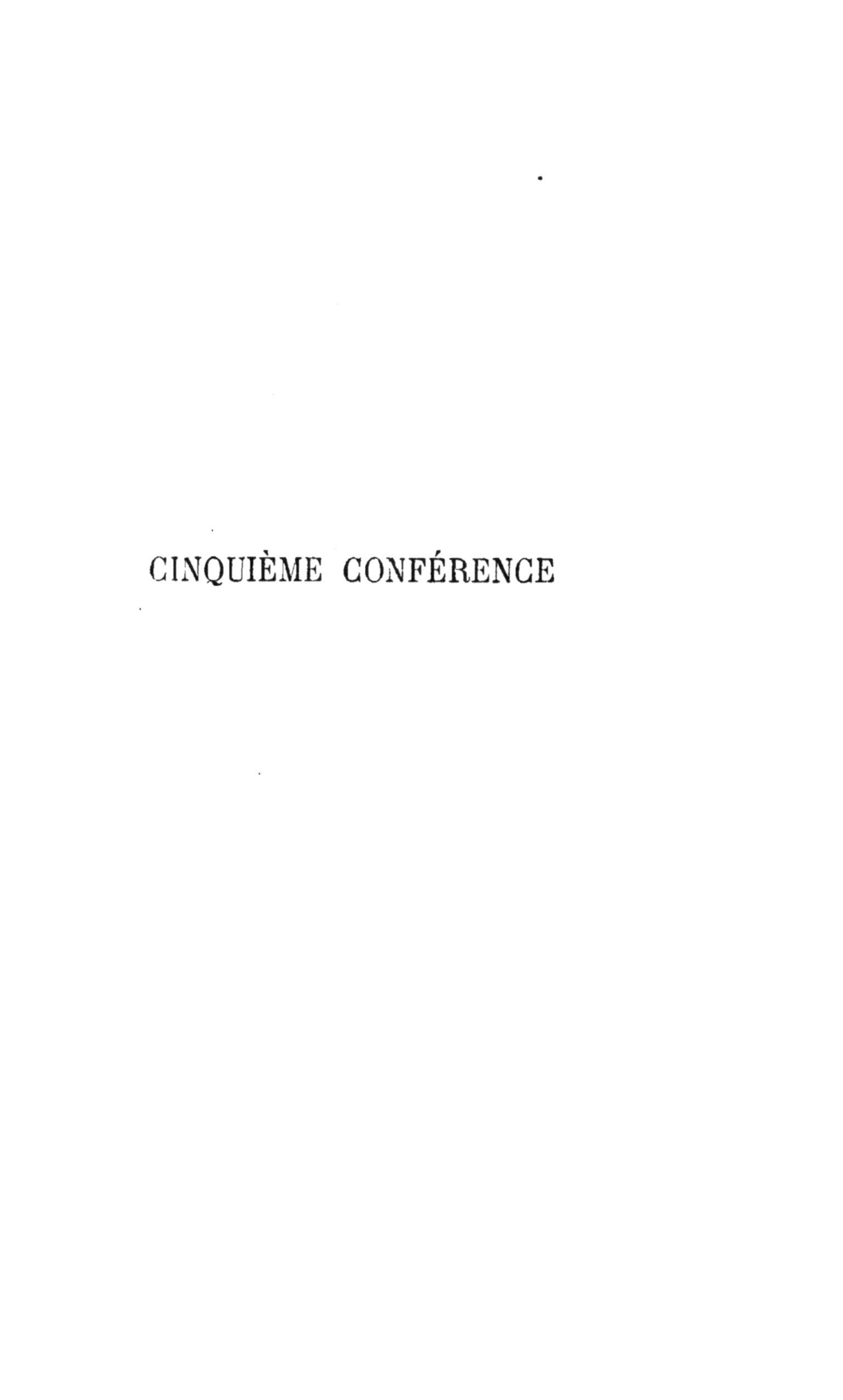

CINQUIÈME CONFÉRENCE

CINQUIÈME CONFÉRENCE

LE PROGRÈS MORAL
PAR LA PAUVRETÉ CHRÉTIENNE

MESSIEURS,

Le progrès par le christianisme n'est pas seulement la réaction de l'humanité contre l'orgueil, il est encore la réaction de l'austérité contre le sensualisme. Le paganisme adorait le plaisir ; le christianisme fit adorer la souffrance : par là le monde fut transformé ; une adoration succéda à une adoration, et dès lors un monde put succéder à un monde : car l'humanité va où vont ses adorations. De la pratique de l'austérité chrétienne, puisée dans l'adoration de son Dieu flagellé, une humanité sortit plus grande par l'âme et par le corps que l'humanité païenne. La mortification produisit cet effet : elle fit vivre davantage, elle diminua l'homme inférieur, l'homme de la décadence ; mais elle agrandit l'homme supérieur, l'homme du progrès.

La réaction qui s'accomplit il y a dix-huit siècles doit s'accomplir encore aujourd'hui pour réaliser le progrès au dix-neuvième siècle. Des doctrines profondément sensuelles restaurent de nos jours sous le masque d'un faux christianisme un paganisme nouveau : on demande l'égalité de l'esprit et de la chair, on proclame la réhabilitation de la chair. Si nous en croyions des chrétiens nouveaux, le mal du temps serait l'exagération de l'esprit et l'oppression de la chair ; et le progrès devrait se réaliser par un agrandissement des droits de la chair et une diminution du règne de l'esprit. Or, toutes les réalités de la vie contemporaine prouvent au contraire que la chair règne trop, et que son règne croissant nous menace de la barbarie. Donc, si un progrès doit avoir lieu, il se fera par l'austérité chrétienne, c'est-à-dire par la diminution du règne de la chair et un agrandissement du règne de l'esprit.

Mais, Messieurs, nous n'avons pas fini de vous montrer les réactions du christianisme contre les concupiscences du siècle. Je vous ai signalé l'année dernière un autre obstacle à notre progrès, la *cupidité*. La manifestation de ce mal vous a trouvés convaincus que là, dans la cupidité, il y a un immense obstacle au progrès. Humainement vous n'avez pas de remède pour nous guérir de ce mal ; ce mal, vous le voyez, vous le déplorez ; et vous ne pouvez l'arrêter, le diminuer, l'anéantir. Ici encore il n'y a de remède efficace que dans la réaction chrétienne. Or la réaction chrétienne contre la cupidité, c'est la *pauvreté*. Le christianisme a mis dans le dépouillement le principe du progrès : l'homme arraché à Dieu et retourné vers la terre la veut posséder outre mesure et s'y attache avec fureur ; le christianisme, pour le mieux ramener au Créateur, le détache du créé. Par là il rétablit l'équilibre, et refait l'ordre dans l'homme. Sans doute le christianisme n'appelle pas l'humanité à réaliser au milieu d'elle le règne de la misère : c'est une calomnie que renouvellent sans cesse contre lui les flatteurs de la multitude. Que fait donc le christianisme ? Le voici : il réagit contre les débauches de la richesse et les orgies de la cupidité, en montrant aux générations l'exemple des pauvretés volontaires et des abnégations héroïques. Par là, au grand étonnement de la nature et de la sagesse humaine, Jésus-Christ a inauguré dans le monde, livré aux corruptions de la cupidité, le vrai progrès des nations, parce qu'il réagit divinement contre une cause profonde et universelle de désordre et de dégradation morale. Par là, le christianisme fait deux grandes choses pour le progrès du monde : il met dans l'homme une grandeur incomparable, et dans la société une force immense : parce que la pauvreté chrétienne est tout à la fois un agrandissement de l'homme et un rempart pour la société.

I

Oui, Messieurs, la réaction de la pauvreté évangélique contre la cupidité est dans l'humanité un moyen de progrès, parce que c'est un agrandissement de l'homme.

Mais, d'abord, il faut définir et préciser ce que nous voulons entendre par ce mot, la pauvreté évangélique. La pauvreté évangélique est le terme opposé à la cupidité humaine. La cupidité est l'amour exagéré de la possession : la pauvreté évangélique est l'abdication volontaire de la possession; c'est la libre désappropriation du créé par amour pour le Créateur. La cupidité attache l'homme au créé en le détachant du Créateur; la pauvreté fait exactement le contraire; elle attache l'homme au Créateur et le détache du créé; elle est dans son essence le volontaire dépouillement de la richesse par amour pour Jésus-Christ : c'est l'âme dégagée et libre de tout autre lien que celui de l'amour divin.

La pauvreté, telle que nous la comprenons

ici, n'exprime pas seulement le fait et le résultat du dépouillement, elle en exprime surtout l'amour et la volonté; ce n'est pas un dénûment tout matériel consistant dans la privation des biens créés, c'est une affection de l'âme consistant dans le suprême attachement au Créateur; et comme telle elle peut exprimer ou une vertu dans le chrétien qui en fait acte, ou un état dans le religieux qui en fait profession. Elle s'applique non à une classe d'hommes exclusivement, elle s'applique à tous ceux qui, dans des mesures diverses, pratiquent le volontaire dépouillement et la libre abdication du créé.

Telle est la pauvreté que le christianisme enseigne, et que l'amour de Jésus-Christ fait pratiquer pour le perfectionnement de l'homme et le progrès du monde. Par là encore le christianisme est en contradiction avec les tendances et les doctrines qui repoussent le vrai progrès par la même raison qui leur fait repousser le vrai christianisme. Ce détachement du créé que demande l'Évangile, comme un agrandissement de l'homme et un progrès de la société, on le maudit aujourd'hui comme une mutilation de l'homme, et comme un obstacle au progrès social. Le progrès, d'après des doctrines modernes, doit s'accomplir non par le détachement, mais par un attachement progressif aux biens de ce monde. Je comprends la raison secrète de cette erreur antichrétienne. Dieu étant supprimé comme terme et possession de l'homme, il reste pour terme et possession de l'homme la nature, rien que la nature; la terre, rien que la terre. Dès lors l'homme ne saurait trop s'approprier la nature et s'attacher à la terre. Plus il s'unit à la nature, plus il s'assimile tout ce que produit la terre, plus enfin il *résume* en lui-même, comme disent les idéologues, les *essences des choses créées*, plus il se perfectionne, et plus il s'agrandit. Ils appellent cela sacrilégement communier avec la nature : et cet épicuréisme déguisé est toute l'eucharistie de ces chrétiens sensuels.

Mais les apôtres de la cupidité humaine ont beau faire entendre le bruit de leur éloquence malfaisante, ils ne feront pas taire dans l'humanité la prédication de la pauvreté chrétienne : nous n'abaisserons pas devant eux l'étendard de Jésus-Christ dépouillé volontairement pour produire l'amour du volontaire dépouillement. Nous continuerons d'opposer la parole à la parole, et la doctrine à la doctrine. Nous dirons dans un enseignement qui ne se taira pas jusqu'à la consommation des siècles : Le détachement du créé, c'est le vrai christianisme ; et ce christianisme est le progrès, parce qu'il est l'agrandissement de l'homme.

Que le vrai christianisme personnifié en Jésus-Christ soit le volontaire dépouillement, c'est-à-dire la pauvreté en essence; que ce volontaire dépouillement de Dieu ait suscité dans les siècles chrétiens des imitations généreuses, et créé tout un monde de pauvres volontaires ; c'est ce qui brille à la pensée de tous avec une clarté trop radieuse pour que je demande ici à la parole d'en montrer l'évidence. Voici la troisième face de notre mystère : *Ecce mysterium vobis dico*. Dieu incarné, Dieu naissant, vêtu de sa seule pauvreté, provoque le volontaire dépouillement en se dépouillant volontairement lui-même. Il est par essence la souveraine richesse, et il se fait lui-même la pauvreté absolue. *Cum esset dives, egenus factus est* (1). Le maître de toutes choses ne possède plus rien. Tel est le christianisme : Dieu créateur de tout se révélant dans le dépouillement de tout. Jésus-Christ est né pauvre ; Jésus-Christ a vécu pauvre ; Jésus-Christ est mort pauvre : il eut pour naître la crèche de Bethléem ; il eut pour grandir la maison de Nazareth ; il eut pour mourir son trône du Calvaire : pauvre au commencement de sa vie, n'ayant pas même de langes pour se couvrir ; pauvre au milieu de sa vie, n'ayant pas même où reposer sa tête ; pauvre surtout à cette heure solennelle où il parut dans un absolu dépouillement, épousant sur la croix la divine pauvreté. Eh bien, c'est là, c'est dans ce libre dépouillement de tout ce que lui-même a fait dans la première création, que le Verbe incarné se pose pour créer autour de lui ce monde nouveau dont lui-même va demeurer le fondement, le centre et le couronnement. Ah ! je crois le voir d'ici ce Dieu pauvre et dépouillé, s'apprêtant à conquérir le monde et à transfor-

(1) II Cor., VIII, 9.

mer l'humanité ; il lève aux regards des grands et des riches de la terre l'étendard de la pauvreté, *Vexilla Regis prodeunt,* et il crie en faisant appel à tout ce qui veut le suivre : *A moi les » pauvres!* Vous voulez conquérir le progrès, et » vous vous précipitez a la conquête de la pos- » session et à l'agrandissement de vos domai- » nes ; arrêtez, vous vous trompez ; je suis le » vrai restaurateur du monde ; regardez mon » berceau, regardez mes armes, regardez-moi » moi-même. Maître de tout, je n'ai plus rien. » Vous voulez être mes soldats, soyez ce que » je suis ; je suis pauvre, soyez pauvres. Jetez » loin de vous ce lourd fardeau de la richesse, » ce luxe des peuples amollis et cette cupidité » des nations corrompues ; et comme moi et » avec moi, marchez dans la privation et le » dépouillement à la rénovation de tous les » peuples de la terre. Satan a vaincu par la ri- » chesse, venez avec moi ; nous vaincrons par » la pauvreté. »

Vous savez, Messieurs, si cet appel fut entendu. De quelque manière que vous l'expliquiez, le charme de la pauvreté, sorti de la crèche, de Nazareth et du Calvaire, a vaincu dans le cœur de multitudes sans nombre les attraits de la richesse : de tous les rangs de la société, de toutes les profondeurs des siècles, des bataillons se sont élevés, sortis de terre comme par un enchantement divin, ayant pour seule armure le dépouillement de tout : rangés autour de cette humble crèche devenue pour le Dieu pauvre comme le char du conquérant, ils ont dit par leur action encore plus que par la parole : Voici venir notre chef, notre prince, notre roi ! O maître, entraînez-nous sur votre trace à la destruction de la cupidité ; et que par vous et avec vous la pauvreté règne à jamais !

Voilà, Messieurs, une des plus vastes révolutions qui se soient jamais accomplies dans l'humanité : et je vous demande pardon de résumer en si peu de mots un si grand fait historique. Ce qui est surtout de mon sujet, c'est de montrer quelle fut la portée de ce fait au point de vue du progrès humain. Or ce qui me frappe ici tout d'abord, c'est un agrandissement prodigieux de l'homme lui-même, comme résultat de son volontaire dépouillement des biens créés.

C'est le penchant de la nature humaine de chercher à s'agrandir soi-même par l'agrandissement de la possession. Il s'emble qu'à mesure que l'homme étend sur la terre où il marche le cercle de son domaine, il étend autour de lui la sphère de sa personnalité : le mot même de propriété aide l'homme à cette illusion par laquelle il se figure ajouter à sa personne tout ce qui portant son nom lui devient propre et en quelque sorte personnel. L'homme, en voyant s'étendre le domaine de sa propriété et s'élever l'édifice de sa fortune, dit d'abord dans son exaltation naissante : « Ceci est à moi ; cette fortune m'appartient ; cet héritage est mien ; il est marqué du sceau de ma personne et de la splendeur de mon nom. » Or, quand l'homme a dit : Ceci est à moi, ceci est mien, il a la tentation de dire bientôt dans un vertige d'orgueil : Ceci, c'est moi-même ; cette fortune, c'est ma personne qui s'élève ; ce domaine, c'est mon être qui s'agrandit. Il se figure en effet que la limite du moi recule avec la limite du domaine, et que la personnalité monte en lui avec le faîte de sa fortune.

Ce penchant est dans l'humanité si naturel et si fort, qu'il ne se rencontre pas un homme sur mille capable de maintenir bien séparées dans sa pensée ces deux choses si profondément séparées dans la réalité : la grandeur qui vient du dedans et la grandeur qui vient du dehors, la valeur de la personne et la valeur de la fortune. Il n'y a peut-être pas un homme ici qui, apprenant ce soir qu'un hasard heureux vient de le faire possesseur de plusieurs millions, ne se réveille demain matin avec le sentiment d'une grandeur qu'il ne se connaissait pas la veille, et ne se dise tout bas dans la conversation qu'il tient avec lui-même : « Décidément nous sommes une grande per- « sonne ; nous avons droit à des respects « égaux à la dignité qui nous est faite. » Cette illusion de la grandeur imaginaire que donne à l'homme l'orgueil s'exaltant dans la possession est une faiblesse qui tient à notre état de déchéance ; et la tyrannie du préjugé, et la ruse de Satan ne conspirent que trop à donner à notre pensée ce mirage de la majesté fausse et de la grandeur renversée.

Le christianisme ici encore prend le contre-pied de la nature : il agrandit l'homme par le volontaire dépouillement ; il élève en lui la personnalité en diminuant autour de lui la propriété ; il lui ajoute, si je puis le dire, par le dedans, tout ce qu'il lui fait retrancher par le dehors : et la libre désappropriation du créé le revêt d'une grandeur qui le fait de plus en plus semblable au Créateur.

C'est ce qui parut dans les siècles chrétiens au grand étonnement de ce monde païen trop accoutumé à mesurer la grandeur de la personne sur la grandeur de la possession. Quand le prestige de la pauvreté unie à Jésus-Christ sur la croix par un mariage sacré eut provoqué dans l'humanité chrétienne des imitations sans nombre ; quand le Maître eut montré aux siècles ce prodige évidemment sorti de lui-même, comme le rayon sort du soleil : des multitudes incalculables, prenant comme signe d'une aristocratie nouvelle la livrée de Dieu pauvre ; quand, enfin, on eut vu sur tous les chemins du monde tous les représentants de l'humanité passer couverts de la bure, les pieds nus, la corde aux reins, avec cette étrange passion qui dominait en elles toutes les autres passions, la passion de ne rien avoir pour ressembler davantage à leur Dieu dépouillé ; alors, il fut manifeste pour tous ceux qui avaient compris le sens et suivi le mouvement de cette transformation, qu'une grandeur nouvelle était descendue dans l'âme humaine : la pauvreté avait fait ce miracle ; elle avait dépouillé l'homme de toute splendeur et de toute majesté qui ne fût pas la splendeur et la majesté de son âme.

En effet, le premier trait de cette grandeur retrouvée dans la pauvreté chrétienne, c'est ce qu'on peut nommer, au sens le plus rigoureux, la magnanimité, la vraie grandeur de l'homme : la grandeur humaine ramenée en son lieu natal, c'est-à-dire dans l'âme elle-même. Le plus grand obstacle qu'oppose la cupidité à la grandeur de l'homme est de mettre cette grandeur en dehors du domaine de l'âme : grandeur dans la possession, grandeur dans l'héritage, grandeur dans le patrimoine, grandeur dans le capital : toutes les grandeurs, excepté la grandeur de l'âme. La pauvreté évangélique a renversé cet obstacle ; elle a fermé autour de l'homme tous les horizons des grandeurs étrangères à lui-même ; elle l'a réduit, volontairement dépouillé de tout ce qui n'était pas lui, à la possession de son corps ; et elle a pu lui dire : « Tu n'as plus rien. » Mais en même temps elle ouvrait à l'homme, au fond même de son être, des horizons infinis où la grandeur de l'âme se retrouvait tout entière ; parce que Dieu y rentrait d'autant plus, que le monde en sortait davantage et cessait de l'emprisonner dans les limites du créé. C'est le signe d'une âme grande de fouler sous ses pieds tout ce qui est mortel : *Magni et excelsi animi est calcare mortalia*. C'est ce qui a paru dans les pauvres de Jésus-Christ. La pauvreté a posé sur la terre l'homme foulant d'un pied sublime tout le domaine de la mortalité, cherchant de son âme plus sublime encore les régions où habite l'immortel, s'élevant au-dessus du fini pour s'étendre dans l'infini ; et dans cet élan qui arrachait l'homme à la création, et l'emportait détaché et vide du créé à la possession de son Créateur, l'homme a retrouvé ce caractère dont le monde païen gardait la trace dans ses mots, mais dont il ne pouvait plus offrir dans l'homme le type depuis longtemps effacé : la vraie magnanimité, l'homme grand par son âme, rien que par son âme.

Avec ce caractère de grandeur, un autre fut rendu à l'homme par la pauvreté évangélique : la liberté ; j'entends la liberté dans le sens le plus légitime et le plus sublime de ce mot : l'homme libre du créé et affranchi de tout ce qui n'est pas Dieu. Une doctrine bien différente tend à prévaloir dans les esprits, pratiquée et préconisée par des hommes qui se proclament libres, et qui semblent avoir perdu jusqu'à la première notion de la liberté. Si vous les en croyez, la richesse est le plus grand élément de liberté humaine : plus l'homme est riche, plus il a de loisir ; plus il a de loisir, plus il a de liberté : et plus il a de liberté, plus son génie verse sur les générations les trésors de sa fécondité. La conclusion de cette théorie fort séduisante est qu'il faut que tous, et spécialement les hommes de lettres, amassent beaucoup d'or afin d'avoir beaucoup de liberté : l'or est le dieu qui leur créé des loisirs ; l'or est le rédempteur qui paye aux créanciers la rançon du génie captif de la misère. L'or est en un mot le vrai père de la liberté. Dans ces théories si chères à de grands hommes de ce temps, on n'oublie qu'une seule chose, une seule : la vérité. On oublie que la liberté de l'âme consiste à n'avoir pas d'entraves, et que, pour n'avoir pas d'entraves, le secret est unique : ne tenir à rien et n'être retenu par rien. Quiconque se lie à une chose est esclave de cette chose ; quiconque s'attache à la possession est esclave de la possession ; et quiconque tient à l'or est esclave de son or. J'affirme qu'il n'y a rien de moins libre sur la terre que l'homme voué par sa passion au service de l'or : plus esclave que tout esclave, il se fait une servitude plus abaissée que toutes les autres : car ce qu'il sert, ce n'est pas même un homme, c'est une chose. La pauvreté chrétienne affranchit ceux qui l'épousent de cet esclavage mille fois plus ravalé que la servitude d'Égypte : en brisant tous les liens qui les attachaient au créé, elle en a fait à la lettre les véritables hommes libres. La pauvreté chrétienne a obtenu de ceux qui possédaient, un amour de préférence pour l'auteur de toute possession ; et pour mieux réaliser au milieu des chrétiens ce type de liberté royale qui convient au rois de la création, elle a opéré dans un grand nombre la séparation effective de toutes leurs possessions ; et détachant leur âme encore plus que leur corps des liens qui pouvaient lui laisser une trace de captivité, elle a placé aux sommets les plus hauts de l'humanité ces types achevés de l'humaine liberté ; elle a montré souverainement libres dans l'exclusive possession de leur Dieu ces bienheureux affranchis de la création, assez sûrs de leur liberté pour défier tout ce qui est créé de leur donner jamais des chaînes, et assez sûrs de leur force, pour défier toute puissance de leur envoyer jamais la peur.

Tel est, en effet, le troisième caractère du vrai pauvre de Jésus-Christ, une intrépidité à l'épreuve de tout. L'homme qui a la passion de la richesse est un homme qui a peur. Il a beau faire l'intrépide, une peur s'attache à lui comme le remords au coupable, la peur de déranger ou de perdre sa fortune ; un bruit, un souffle, une ombre lui donne l'épouvante ; et parce que la peur fait des lâches, l'homme attaché aux richesses est lâche, pour garder sa fortune, il est prêt à toute lâcheté. Pour échapper à toute peur et aux lâchetés qu'elle entraîne, il y a un secret bien simple : ne rien désirer et ne rien posséder. Dans une âme sans désir, la peur n'a plus de place. Quiconque ne possédant rien ne désire rien, ne peut plus avoir peur de rien. Celui qui ne désire plus rien, même la vie, ne peut plus rien craindre même la mort. Et c'est la situation du vrai pauvre de Jésus-Christ. Que peut-on lui ôter dont la perte l'épouvante? Sa richesse? il n'a plus la richesse. Son héritage? il n'a plus d'héritage. Son foyer? il n'a plus de foyer. Sa patrie? le monde entier est sa patrie ; ou plutôt le monde lui est un exil, et mieux que le sage du paganisme, si on lui demande quelle est sa patrie, il peut dire en levant la main : « Ma patrie » c'est le ciel! » Qui pourra l'épouvanter? la mort? mais la mort abrége son exil et ouvre devant lui la seule patrie que cherchent ses désirs. O puissances du monde! n'espérez pas effrayer l'âme et le cœur du pauvre. Son âme est tout entière à celui qu'il ne peut perdre : son cœur est là où vos coups ne sauraient plus l'atteindre.

Une seule chose pourrait l'épouvanter, perdre Jésus-Christ : « Pour gagner Jésus-Christ, « vous dit-il, j'ai méprisé tout le reste. Jésus-« Christ est ma richesse, Jésus-Christ est mon « héritage, Jésus-Christ est ma patrie ; Jésus-« Christ est mon père et ma mère, et mes frè-« res et mes sœurs ; Jésus-Christ est mon « Dieu, Jésus-Christ est mon tout : *Deus* « *meus et omnia*. Et je sais que vous ne « pouvez m'arracher Jésus-Christ. Tout ce « qui me persécute me rapproche de lui ; « tout ce qui me dépouille me revêt de « lui ; tout ce qui me fait plus pauvre m'enri-« chit mieux de lui ; tout ce qui peut m'affa-« mer me rassasie de lui ; et le glaive qui « frappera mon corps, dernière propriété de « mon âme impatiente de le posséder seul, ne « fera que renverser la barrière qui me sépare « encore de lui. » Tel est, sans effort, sans emphase et sans insolence, le pauvre de Jésus-Christ ; il est par excellence l'homme sans peur, l'homme qui ne tremble pas. Et si, depuis que vous êtes au monde, vous n'avez partout rencontré que des hommes qui tremblent, sachez-le bien, c'est que, comme cet empereur qui n'avait pas encore rencontré un évêque, vous n'avez pas encore rencontré un vrai pauvre de Jésus-Christ.

Ainsi, la pauvreté chrétienne, en dépouillant l'homme du prestige des grandeurs qui ne sont pas lui, l'agrandit lui-même au dedans et lui imprime un caractère dont n'approchent pas même de loin les plus grandes figures du monde païen. Et il est à peine besoin de vous dire que cette grande armée de pauvres volontaires portant sous son humble livrée toute la majesté de l'homme, l'humanité ne l'a pas vue passer sans en être émue ; et il faudrait plaindre celui qui ne comprendrait pas l'immense et profonde secousse que le monde en a ressentie pour son agrandissement et son progrès général.

Ah ! Messieurs, les pauvres de Jésus-Christ n'eussent-ils fait autre chose en passant sur la terre, ils y ont incontestablement obtenu ce résultat, dont l'influence s'est étendue dans les espaces et dans les siècles : par le spectacle de leur volontaire dépouillement, ils ont élevé contre les débauches de la cupidité une protestation solennelle ; et ils ont exercé contre les dégradations qu'elle entraîne une réaction puissante et vraiment progressive. Ils ont maintenu dans son inaltérable majesté le caractère de l'homme, au milieu des abaissements et des ignominies de la cupidité : et par là, ils ont empêché ces ignominies de prescrire, et ces abaissements de devenir l'état normal des nations chrétiennes. Or, ce que ces pauvres ont fait une première fois dans les premiers siècles chrétiens, et tant de fois depuis le christianisme, ils le font encore aujourd'hui : et cette protestation, et cette réaction, aujourd'hui plus nécessaire que jamais, ne sera ni moins puissante ni moins efficace pour relever les âmes qui penchent. Le siècle, si abaissé qu'il soit par le règne de la cupidité contemporaine, se dira forcément en les voyant passer : Voilà des hommes convaincus qu'il y a une grandeur humaine qui ne relève pas de la matière ; voilà des hommes qui estiment qu'il y a pour nous ici-bas quelque chose de plus sublime que d'étaler l'éclat de l'or, et de se draper dans l'opulence. Alors surtout que ces hommes sont des riches volontairement devenus pauvres ; et que le monde en les voyant peut contempler en eux ce spectacle qui le relève plus que tous les autres, des illustres de la fortune et des princes de la terre passant devant ses regards, sous le vêtement d'un petit frère ; je dis que ce passage de l'illustration dépouillée et de la richesse devenue pauvre est pour le siècle qui en est témoin une révélation d'incomparable grandeur; et cette révélation sublime l'empêche de descendre à certaines ignominies qui ne peuvent paraître et prescrire que chez les peuples tout à fait dégradés.

Aussi, faites ce que vous voudrez ; si le spectacle de la pauvreté volontaire vous demeure, comme un don de cette providence qui ne vous manque jamais à l'heure de vos suprêmes besoins, j'affirme que les débauches de la cupidité contemporaine, dont je ne vous ai pas dissimulé l'opprobre, ne prescriront jamais dans ce grand pays de France. A l'heure qu'il est, la cupidité étale encore sous vos yeux des spectacles honteux. Oui, mais je les défie de se montrer à vous sans que vos âmes leur attachent des stigmates d'ignominie. Face à face avec ces dégradations païennes, un sens chrétien vous demeure qui vous force de mépriser du fond de vos âmes les cupidités les plus heureuses et les plus applaudies. Cherchez bien ce qu'il y a au fond de vos âmes demeurées chrétiennes pour ce que vous nommez le *chercheur d'or*, pour l'homme qui vous apparaît tel, l'*homme d'argent*, rien que l'*homme d'argent* : il y a là en vous, peut-être malgré vous, des montagnes de mépris. Qui a mis cela dans vos âmes? qui vous a appris à mépriser si noblement ce qu'un certain monde adore si servilement? qui? ah! Messieurs, le christianisme, le christianisme qui vous illumine, vous pénètre et vous gouverne encore même dans l'absence de la pratique chrétienne : le christianisme qui seul vous montre encore, par l'exemple de ses pauvres de toutes les conditions, où gît la vraie grandeur de l'homme.

Donc, laissez passer dans vos rues, où toutes les magnificences ont leur libre passage, le vêtement de la pauvreté ; ne craignez pas de voir reparaître au milieu de vous, sous toutes ses formes, les saintes légions de la pauvreté chrétienne. N'ayez pas peur de la robe du Capucin, du Dominicain, du Carme et du Franciscain : ce spectacle est une compensation à tous ceux que vous donnent les cupidités qui nous dégradent : ils vous empêcheront d'oublier vous-mêmes la pauvreté chrétienne ; et, tous ensemble, nous montrerons au monde, sauvegardée et maintenue sous la bannière de Jésus-Christ, la vraie *grandeur de l'homme*.

II

Mais la pauvreté n'est pas seulement pour l'homme un principe d'agrandissement, elle est un boulevard pour la société. J'ai dit que l'humilité chrétienne est une grande force sociale, parce qu'elle est par son essence soumission à l'autorité ; aujourd'hui, mettant aussi la pauvreté chrétienne en face des nécessités sociales, je dis qu'elle est un des plus forts remparts de la société au dix-neuvième siècle.

Avec le principe d'autorité nécessaire au maintien de tout ordre social, un autre est d'une nécessité non moins absolue : c'est le principe de propriété. La propriété est le point d'appui de la stabilité sociale. Sans la propriété, il n'y a plus de société; la famille elle-même ne se soutient plus et l'ordre moral est ébranlé. Je n'insiste pas sur ces éléments : vous admettez tous comme inattaquable le droit de propriété. Mais vous avez besoin de bien comprendre aujourd'hui où sont les fermes remparts et les vrais défenseurs de la propriété menacée. Je ne traite pas spécialement de la propriété; je ne la considère que sous la face qui regarde mon sujet; or je dis, Messieurs, que l'un des plus forts boulevards de la propriété, c'est la pauvreté chrétienne et que les plus grands défenseurs du droit des propriétaires sont les pauvres de Jésus-Christ. Cette affirmation inattendue peut, à son premier énoncé, vous apparaître comme un paradoxe; mais je compte assez sur la droiture de votre sens et sur la force de la vérité pour oser espérer que cette affirmation vous laissera convaincus.

En effet, si vous voulez considérer ces deux choses, propriété et pauvreté, dans leur nature intime, et dans leurs destinées historiques, vous verrez qu'elles sont unies dans la nature par les rapports les plus profonds, et dans l'histoire par le parallélisme le plus constant.

La pauvreté volontaire, considérée dans ses rapports avec la propriété fait pour elle ces deux choses qui aboutissent à un même résultat : elle supprime le principe qui l'attaque, et lui donne une consécration qui la raffermit; elle écarte ses ennemis, et elle lui assure des défenseurs.

Quelle est, pensez-vous, la cause secrète qui fait du fond des âmes la guerre à la propriété? D'où viennent tant de théories nouvelles où le droit de propriété se trouve sinon radicalement détruit, du moins profondément ébranlé? En lisant tel livre, ou en entendant tel discours, où tous ceux qui possèdent sont dénoncés aux vengeances populaires comme les tyrans de ceux qui ne possèdent pas, vous pourriez penser que les auteurs de ces livres et de ces discours sont des hommes d'une abnégation parfaite et d'un désintéressement qui ne laisse rien à désirer; et vous seriez tentés de croire qu'ils consentiraient pour leur part à être les moins riches des biens de ce monde, pourvu que l'humanité entière entrât en possession de la richesse. Vous vous trompez : ces hommes ont l'ambition de posséder. Ils voudraient faire croire qu'il y a contre la propriété au fond de leur métaphysique sociale des raisons dont la profondeur se dérobe au vulgaire des humains : ces raisons ne nous ont pas échappé tout à fait : des désirs immodérés de la possession, des passions impatientes de jouir, telles sont ces raisons profondes. Au nom de la vérité, je déclare qu'il n'y en a pas d'autres. Rien n'est plus certain : ce qui fait chanceler dans les intelligences le droit de propriété, c'est l'amour de la possession qui se remue dans les cœurs.

Les bases de la propriété plongent dans la profondeur des siècles et dans les profondeurs des âmes ; mille fois la science du droit a vérifié ses titres : les peuples l'ont consacrée par un assentiment universel et une pratique séculaire. D'où vient donc que cette question revient se poser de temps en temps devant la raison populaire : *Pourquoi y a-t-il des propriétaires ?* Certes, à cette question : *Pourquoi y a-t-il des propriétaires*, la justice a répondu, l'ordre a répondu, les sociétés ont répondu, les siècles ont répondu, et le bon sens des nations répond éternellement. Eh bien, malgré cette réponse unanime, toutes les fois que le souffle de la cupidité vient à remuer les âmes ; quand la passion de posséder est devenue la passion de tous, aussitôt cette question toujours vivante au fond des instincts cupides remonte à la surface. On fait des systèmes, on rêve des théories, on hasarde des utopies où les droits, les institutions, la société elle-même sont remis en question. Et pourquoi? Qu'y a-t-il au fond de ces théories, de ces systèmes, de ces utopies? Y a-t-il là quelque chose de vraiment sérieux? Oui, Messieurs, il y a là quelque chose de très-sérieux. Quoi donc? y a-t-il dans ces intelligences de grandes idées? Non, il y a dans ces cœurs de grandes passions; et entre toutes les autres, la passion de posséder, qui fait les ennemis de la propriété. Ces hommes parlent de fraternité, oui, mais ils cherchent la possession ; de liberté, oui, mais ils cherchent la possession; de dévouement, oui, mais ils cherchent la possession. En vérité, je vous le dis, une chose importune ces grands ennemis des propriétaires : ils ne sont pas eux-mêmes assez propriétaires.

Étant admis comme une vérité incontestable que le grand ennemi du droit de propriété est le désir immodéré de la possession, il n'est pas difficile de comprendre, en regardant au fond des choses, comment la pauvreté évangélique est le plus ferme rempart du droit de propriété. En effet, le premier résultat de la pauvreté et d'amoindrir ou de supprimer dans les cœurs le désir de la possession. La pauvreté évangélique est un amour substitué à un autre amour : l'amour du dépouillement substitué à l'amour de la possession. C'est le détachement du créé par amour de préférence pour le Créateur. Je n'explique pas comment ce second amour se substitue au premier ; je constate que la pauvreté implique cet amour, est cet amour lui-même. Donc la pauvreté tend à affaiblir ou à tuer tout à fait dans l'homme l'ennemi de la propriété. Dès que l'homme a mis son cœur plus haut que le créé ; dès qu'il fait du Créateur même son patrimoine et son héritage ; dès qu'il a dit avec le Prophète : *Dominus pars hæreditatis meæ et calicis mei;* quand il a dit à Dieu avec un pauvre de Jésus-Christ : Donnez-moi votre amour, et je suis assez riche : *Da mihi amorem et dives sum satis* (1) ; je le demande, qu'est-ce qui pourrait du fond de son cœur conspirer contre les propriétaires? D'où lui viendrait la tentation de contester ou de nier un droit dont l'accomplissement ne peut plus le blesser ni l'atteindre ? Des hauteurs où l'élève son amour en l'attachant au Créateur, il assiste avec sérénité à cette perpétuelle bataille où les hommes sont aux prises pour se disputer les morceaux de la terre. Tandis qu'autour de lui les cupides tourmentent le bon sens, la justice et l'histoire, pour trouver des raisons contre un droit établi par l'histoire, la justice et le bon sens, cet homme n'a rien à dire contre la vérité, qui lui apparaît dans la lumière de son jugement désintéressé. Il voit les ombres que les cupidités accumulent autour de la clarté du droit ; mais le droit pour lui ne cesse pas de briller plus haut que les nuages ; les éclairs qui sillonnent et les coups de tonnerre qui ébranlent l'atmosphère où se remuent les con-

(1) Exerc. de S. Ignace.

voitises ne le trouvent pas ému : lui, regarde le soleil toujours brillant dans ce pur éther qu'il habite ; d'autant plus propre à décider du droit, que comme la justice personnifiée dans un magistrat intègre il ne peut plus avoir de passion contre le droit.

En effet, la passion qui proteste au cœur de l'homme contre la propriété, c'est, entre toutes les autres, la jalousie : la jalousie, ennemie née de toute possession qui n'est pas sienne : la jalousie qui se fait un malheur de la félicité, un opprobre de la gloire, une humiliation de la grandeur et une pauvreté de la richesse d'autrui. De nos jours surtout, les ambitions se tournant du côté de la richesse, les jalousies sont retombées brutalement sur la matière. Nous sommes déchus, même dans nos passions. Nos jalousies autrefois allaient à la gloire, et l'honneur surtout avait en France le privilége de faire des jaloux. Nous sommes bien dégénérés ! Aujourd'hui, pour faire des jaloux, que faut-il? posséder plus que son voisin. Cette jalousie qui se dit légitime et se proclame justice, qui se montre ici la haine dans l'âme, là la menace aux lèvres, ailleurs le poignard à la main, c'est l'antique ennemie de la propriété. Y a-t-il un moyen de guérir nos générations de ce mal de la jalousie qui envie la propriété d'autrui? Oui, ce moyen existe : diminuer dans les âmes l'amour du créé et l'ambition de posséder. Détachez les cœurs de la terre, la jalousie en tombe d'elle-même, et il n'y reste plus que ce fraternel amour qui sort du cœur de Dieu pour se répandre en bienfaits sur les hommes. Cet amour retourné vers le ciel cesse de conspirer par ses désirs contre les possesseurs de la terre ; et le pauvre de Jésus-Christ arraché par son amour à cette arène formidable où les cupidités se disputent et se déchirent est pour le droit de propriété un ennemi de moins et un défenseur de plus.

L'homme qui embrasse la pauvreté volontaire, non-seulement détruit en lui la passion de posséder qui menace la propriété ; il confirme par son abdication de la possession le droit de posséder et lui donne en se dépouillant librement la plus généreuse consécration. Le pauvre de Jésus-Christ, en pratiquant cette parole : « *Allez; vendez ce que*

» *vous possédez, et donnez-le aux pauvres* (1), » confirme le droit de posséder en se dépossédant lui-même. Pour vendre il faut être propriétaire ; pour donner il faut avoir. L'homme qui se voue à la pauvreté évidemment prétend faire une abdication ; et, pour faire une abdication, il faut avoir un droit. Un jour un homme dit, en regardant la part que Dieu lui fit des biens de la création : Voici mon domaine : ce château est à moi ; ce patrimoine est à moi : ce capital est à moi ; cette richesse m'appartient ; c'est le travail de mes pères ; c'est la sueur de mes ancêtres ; cette propriété est ma propriété. Le lendemain, cet homme dit en toute vérité : Je n'ai plus un grain de poussière ; je suis un pauvre. Comment cela s'est-il fait ? par la libre translation du domaine légitime. Cet homme fraternel a voulu tout donner à ceux qui n'avaient rien. Mais, remarquez-le bien, en laissant son héritage aux pauvres, cet homme n'a pas dit : « Reprenez » votre bien : je croyais posséder, je me suis » trompé : j'oubliais qu'entre frères tout est

(1) Matth. XIX, 21.

» commun : rentrez dans vos droits en entrant » en possession de mon domaine. » Non, l'homme qui voue à Jésus-Christ dépouillé son propre dépouillement ne dit rien de pareil ; il dit : « Je pouvais garder ce bien, je ne le veux » pas : je veux ressembler à mon maître : » mon maître n'a rien, je ne veux plus rien » avoir : je veux mettre ma richesse à ne plus » rien posséder. Comme il s'est dépouillé » volontairement, je me dépouille volon- » tairement : ce que je fais, personne, si ce » n'est lui, n'a droit de l'exiger. Lui-même » ne l'exige pas : il me dit : Si *tu veux* être » parfait ; pour accepter ce dépouillement qui » est l'imitation de lui-même, il attend mon » consentement : vassal libre encore et pro- » priétaire sous son domaine absolu, il veut » que mon dépouillement soit un acte de cette » souveraineté que je tiens de lui-même. » Donc, en donnant mon bien je ne pré- » tends pas acquitter une dette ; je ne veux » qu'abdiquer mon droit : je ne donne pas sa- » tisfaction à la justice ; je donne satisfaction » à mon amour. *Amo Christum*, j'aime le » Christ, et le Christ dépouillé : et c'est mon

» bonheur de me déprendre de tout, pour être » moins indigne de mon Dieu qui n'a plus » rien. » Ainsi, en abdiquant la possession, le pauvre de Jésus-Christ fait acte de propriétaire et confirme la propriété.

Ce n'est pas assez; il fait acte de fraternité aussi. Imiter Jésus-Christ est le premier bonheur de son abdication, secourir ses frères est le second. Il sait qu'en se dépossédant lui-même il vient au secours des autres; des frères s'enrichiront de sa pauvreté; des frères seront vêtus par son dépouillement; des frères seront nourris de ses abstinences; il veut faire de la fraternité, de la vraie fraternité; il veut donner sans recevoir. Mais manifestement, pour que son acte ait cette signification dévouée et fraternelle, vous le voyez bien, il faut supposer une chose, à savoir qu'alors qu'il donne il peut retenir. Si vous supposez que le don qu'il fait n'est qu'un acquittement envers la communauté, son acte n'a plus rien de dévoué; c'est l'accomplissement du plus vulgaire devoir. Cet homme est un communiste sincère, qui prend au sérieux la communauté, et en accomplit la loi la plus élémentaire. Mais aussi là n'est pas le sens de cette abdication généreuse dont les pauvres vont recueillir le bénéfice fraternel. Il se proclame frère, et prétend faire acte de fraternité parce qu'il donne ce qui est à lui.

Ainsi il continue cette fraternité vraiment libérale que les frères de la primitive Église ont montrée au berceau du christianisme, et dont les novateurs contemporains ont donné des interprétations si fausses pour ne pas dire si ridicules. Tous les biens, dit l'Écriture, étaient en commun parmi les chrétiens : *Erant illis omnia communia ;* oui, mais comment ? par le don fraternel et l'abdication volontaire de ce que chacun voulait mettre au service de tous. Ils vendaient d'abord ce qui leur appartenait : *Vendentes afferebant pretia eorum quæ vendebant ;* et puis ils donnaient librement ; ils déposaient aux pieds des apôtres ces dons volontaires de la fraternité : *ponebant ante pedes apostolorum ;* et de ces dons volontaires venus de tous ces fraternels dévouements se composait le trésor de la communauté chrétienne, que la charité intelligente et libre faisait refluer sur chacun dans la mesure de ses besoins : *Dividebatur singulis prout cuique opus erat* (1).

Les interprètes nouveaux de la sainte Écriture veulent trouver absolument dans ces paroles la constitution radicale du communisme et la suppression de la propriété ; c'est exactement le contraire de ce qu'elles signifient. Ce fait prodigieux constaté aux Actes des Apôtres nous montre la naissance de la vraie fraternité, qui consiste à donner ce que l'on possède, et non ce qui appartient à tous. Au nom de l'Évangile que nous prêchons, au nom de l'Église qui nous envoie, au nom de la vérité qui s'affirme elle-même, nous dénonçons les faux frères et leur fraternité menteuse. Là, dans l'Évangile, je trouve écrite la loi de la fraternité ; mais là, dans l'Évangile, je trouve écrite aussi la loi de la justice. Vous acceptez la page de la charité : pourquoi déchirez-vous la page de la justice ? Embrassez l'une et l'autre ; au sein de la vraie doctrine, la justice et la charité sont unies à jamais, et rien ne pourra briser leur indissoluble union. Entre la pensée

(1) Act. Apost., IV, 32-35.

des premiers chrétiens donnant leurs biens aux pauvres, et la pensée des novateurs, grande est la différence : ces frères de l'Église primitive voulaient donner, rien que donner ; ces frères du nouveau christianisme veulent recevoir, rien que recevoir ; et si l'on ne se hâte de donner, ils promettent de demander à la mort de réaliser la fraternité. Ces frères généreux veulent recevoir à titre de justice ce qu'ils estiment appartenir également à tous. Les frères du vrai règne de Dieu veulent donner à titre de charité ce qui leur appartient en propre. Les uns suppriment la propriété, parce qu'ils ont l'amour de la richesse ; les autres défendent la propriété, parce qu'ils ont l'amour de la pauvreté.

L'histoire nous montrant ici à la surface des choses ce qui est dans leur fond témoigne avec éclat que partout les ennemis de la pauvreté se sont trouvés être des ennemis de la propriété. Je ne veux pas attacher plus d'importance qu'il ne faut à la coïncidence historique des événements humains. Des faits peuvent se rencontrer au même point du temps sans avoir un lien intime ou une affinité secrète qui les rattache l'un à l'autre. Mais quand cette coïncidence persiste, on est bien autorisé à croire que la coexistence des faits tient à une affinité de la nature. Quoi qu'il en soit, il est digne de remarque qu'à toutes les époques de commotions sociales, on retrouve dans les sociétés chrétiennes deux guerres simultanées et contemporaines, la guerre faite à la propriété et la guerre faite à la pauvreté.

Déjà, au moyen âge, on avait vu des symptômes de ce parallélisme singulier entre la haine de la pauvreté et la haine de la propriété. En ce temps-là, des bandes armées coururent les chemins de l'Europe, demandant le partage de la richesse, menaçant les châteaux, et dénonçant comme une invention de Satan le droit de propriété ; mais en même temps, ou du moins vers la même époque, on faisait la guerre aux instituts nouveaux qui venaient de paraître, comme la plus magnifique glorification de la pauvreté. Les fils de saint François et de saint Dominique, qui jetaient sur la pauvreté chrétienne la double gloire du génie et de la sainteté, étaient dénoncés comme des ennemis de la société ; et il se trouva qu'on menaçait à la fois et les libres possesseurs, et les dépouillés volontaires des biens de ce monde.

Plus tard, une guerre plus solennelle fut déclarée aux pauvres de Jésus-Christ. Un moine apostat donna le signal : un homme qui avait lui-même porté les saintes livrées de la pauvreté, se mit à la tête de cette guerre inouïe déclarée à la pauvreté. Ces pauvres accusés d'être trop riches, on les dépouilla comme des violateurs de la loi du Christ. Des abus particuliers servirent de prétexte à cette insurrection qui marchait, au souffle de la cupidité, à la ruine de la pauvreté; et on vit les riches s'enrichir encore de la dépouille des pauvres. Mais, tandis que la cupidité des grands suscitait cette guerre contre la pauvreté, la cupidité des petits suscita une guerre contre la propriété. Alors encore on vit des frères qui s'en allèrent, le glaive dans une main et l'Évangile dans l'autre, demander aux riches de restituer à la communauté outragée les longues usurpations des siècles. Des massacres et des dévastations ayant pour but de renverser la propriété dans le sang des propriétaires répondaient aux dévastations qui avaient pour but de supprimer la pratique de la pauvreté par le dépouillement ou l'assassinat des pauvres de Jésus-Christ.

Depuis, une phase nouvelle s'est ouverte, où l'on a pu voir et où l'on peut, à l'heure qu'il est, contempler encore cette coïncidence historique entre la guerre faite aux propriétaires et la guerre faite aux pauvres. A une époque qui, à quelque point de vue que l'on se pose pour la juger, demeurera fameuse dans l'histoire, on vit dans le movement général où tant de choses se mêlaient, ces deux tendances se reproduire. Des idéologues de ce temps demandèrent et obtinrent la suppression des vœux de pauvreté. Mais, en même temps, d'autres idéologues demandèrent la révision du droit de propriété. Et tandis que, d'un côté, on porta à la pauvreté évangélique une atteinte profonde en décrétant l'expulsion ou la dissolution des ordres religieux, on portait à la propriété une atteinte dont le contre-coup a retenti dans nos orages, en décrétant la suppression des biens de l'Église ; propriété deux fois sacrée qui avait pour base la donation du dévouement, et la religion de la conscience, et pour manifestation la lumière de l'histoire et la consécration des siècles. Les hommes qui, en ce temps-là, avaient entrepris de détruire en un jour, avec la propriété de l'Église, l'œuvre des siècles, ne s'apercevaient pas qu'ils ébranlaient de leurs mains la borne de leurs champs ; il leur échappait que le coup porté contre un domaine dont les passions seules pouvaient contester la légitimité rationnellement incontestable, devait avoir son contre-coup sur leurs propres domaines : la propriété de l'Église supprimée alors par des motifs qui soulevaient la justice indignée, qui pouvait empêcher plus tard les cupidités de retourner contre toute la propriété les raisons apportées contre la propriété de l'Église ? Et, en effet, les mêmes hommes qui ont applaudi au dépouillement de l'Église et à l'expulsion des pauvres de Jésus-Christ ont vu avec stupéfaction, et le visage effaré, l'erreur contemporaine ébranler sous leurs pieds la propriété de leurs domaines avec les machines dressées par leurs devanciers contre la propriété de l'Église. Vous avez vu la guerre faite à la propriété recommencer sous vos propres regards, tantôt sourde et tantôt éclatante, tantôt timide et tantôt audacieuse; vous l'aviez tous si bien compris, qu'un moment vous avez cru qu'il faudrait prendre les armes, non plus pour défendre la patrie contre l'invasion du dehors, mais pour défendre votre foyer contre l'invasion du dedans.

Messieurs, ce que je viens de dire sur ce courant d'idées hostiles à la propriété n'est que pour réveiller vos souvenirs ; vos pensées, je le sais, iraient ici beaucoup plus loin que ma parole; je ne veux pas insister; mais ce qu'il importe de vous faire remarquer, c'est la coïncidence nouvelle de cette guerre faite à la propriété avec la guerre faite à la pauvreté. Creusez jusqu'au cœur de ces bruyants ennemis des propriétaires, vous y trouverez des haines contre les hommes qui professent la pauvreté. Parmi ces réformateurs fraternels qui méditent de vous chasser, vous et vos enfants de l'héritage de vos pères, il n'y en a pas un qui ne rêve en même temps de chasser de leurs retraites paisibles tous les pauvres de Jésus-Christ. Oui, à ces prétendus amis du peuple pauvre, le vêtement de la pauvreté inspire une indicible horreur : le Capucin qui ne demande aux puissances que sa place au soleil est pour eux l'ennemi qui menace de tout dévorer ; ce vêtement est à leurs yeux la consécration par l'Église et la tolérance par l'État de la chose la plus méprisée et la plus exécrée, c'est la tolérance et la consécration de la pauvreté : tendre la main pour invoquer au nom de l'amour de Dieu le secours de l'amour fraternel, leur apparaît comme le plus grand opprobre de notre humanité.

Ah! gardez-vous de faire vous-mêmes la guerre aux pauvres volontaires ou de conspirer avec ceux qui la font ; car au fond de ces persécutions qui menacent la liberté des pauvres de Jésus-Christ, il se remue des ambitions qui menacent le droit même de la propriété ; et peut-être un jour vous seriez châtiés par le dépouillement de vos propres richesses, de cette guerre malavisée faite aux disciples de la pauvreté. Encore une fois, gardez-vous de faire la guerre aux pauvres de Jésus-Christ ; dans le cœur de ceux qui la font, j'ai découvert des instincts sataniques : le démon du mal souffle au cœur des hommes cupides ces haines contre les pauvres volontaires. Ces guerres déclarées aux pauvres de Jésus-Christ sont pour les riches des préludes de catastrophes. Partout et toujours vous verrez l'impiété méchante, perverse, haineuse, quand elle apparaît maîtresse d'un peuple, déployer sa lâche puissance à chasser de leurs demeures des pauvres désarmés ; et partout, les mêmes hommes toujours prêts à briser la porte d'un couvent pour en chasser des pauvres se trouveraient prêts, au jour de leur triomphe, à briser la porte des grands domaines pour en chasser les riches. Et après tant d'expériences, nous avons encore sur la terre de grands politiques qui croient voir, dans quelques pauvres réunis pour prier entre des murs dépouillés, le danger des États ! Tandis que les ennemis de la propriété ébranlent par leurs complots la terre sous leurs pieds, ils sont glorieusement occupés à faire des lois et encore des lois pour écarter de leurs frontières les pauvres volontaires, c'est-à-dire les plus fermes défenseurs de la propriété attaquée par les cupides. *Et nunc, reges, intelligite.* O rois de la terre, et vous aussi, ô propriétaires, qui êtes comme des rois dans vos domaines, quand comprendrez-vous où sont vos vrais ennemis? Vos ennemis ne sont pas ceux qui veulent se dépouiller eux-mêmes pour le bonheur d'être pauvres avec Jésus-Christ; vos ennemis sont ceux qui voudraient dépouiller les autres, et au besoin renverser les États pour s'enrichir eux-mêmes de la dépouille des princes et de la ruine des nations.

Messieurs, je dis ces choses avec une grande liberté : apôtre de l'Évangile et pauvre de Jésus-Christ, mon premier devoir est de ne rien craindre; et je n'ai qu'une peur, celle de ne pas dire assez la vérité. Hommes, familles et peuples, nous sommes dans un courant opposé à celui de l'Évangile. De deux choses l'une est inévitable : ou vous le remonterez au souffle de Jésus-Christ; ou vous le descendrez au souffle de votre siècle. Or le souffle du siècle, c'est la passion de la richesse; le souffle de Jésus-Christ, c'est l'amour de la pauvreté; suivez-le, car c'est celui qui donne à l'ordre social la force et la stabilité. En prenant parti pour la pauvreté évangélique, vous affermirez autour de vos domaines le plus fort rempart de la propriété; car ces deux choses, pauvreté et propriété, libre abdication et libre possession de la richesse, sont à jamais unies et dans la nature des choses et dans les événements de l'histoire.

SIXIÈME CONFÉRENCE

SIXIÈME CONFÉRENCE

LE PROGRÈS MORAL

PAR L'AMOUR DE JÉSUS-CHRIST

ÉMINENCE,

La troisième réaction progressive du christianisme contre la concupiscence, c'est la réaction de la pauvreté contre la cupidité. La pratique de la pauvreté chrétienne ou l'abdication volontaire du créé par amour pour le Créateur, a rendu à l'homme sa vraie grandeur ; elle lui a restitué par-dessus tout ces trois caractères qui complètent la majesté de la physionomie humaine : la magnanimité, la liberté, l'intrépidité. Elle fut un progrès, parce qu'elle fut un agrandissement de l'homme.

La pauvreté chrétienne a fait encore plus ; elle a assuré à la société le principe de sa stabilité, condition de tout progrès véritable. La stabilité sociale repose, comme sur sa base nécessaire, sur le droit de la propriété. Or la pauvreté chrétienne se révèle comme le plus ferme rempart de la propriété. Considérée en elle-même, elle est le détachement de la possession ; elle diminue ou éteint dans les cœurs le désir de posséder, et par là elle supprime ou amoindrit la cause qui fait obstacle au droit de propriété, c'est-à-dire le désir immodéré de la possession. Considérée dans l'histoire, elle apparaît invariablement liée aux destinées de la propriété. La guerre faite aux pauvres de Jésus-Christ devient partout la guerre faite aux propriétaires ; et les libres possesseurs et les dépouillés volontaires des biens de ce monde, par un rapprochement qui paraît contradictoire, rencontrent partout et toujours les mêmes ennemis.

Messieurs, en vous montrant dans la pauvreté évangélique le progrès de l'homme et de la société, je n'ai pas prétendu vous demander à tous ce dépouillement absolu dont les saints sont pour nous les types achevés : ici encore j'ai montré dans des héros l'héroïque initiative d'une réaction à laquelle nous pouvons tous dans une même mesure associer notre courage. Ce que nous avons dit sur ce sujet s'applique à tous ceux qui, pratiquant l'esprit de la pauvreté évangélique, diminuent en eux-mêmes le désir de la possession. Inutile d'ajouter que je n'ai voulu ni contrister ni aduler personne. Ceux qui veulent lire les Conférences de l'année dernière peuvent s'assurer que je n'ai pas flatté les possesseurs de la richesse. Je n'ai rien dissimulé des abus monstrueux de la possession dans les hommes cupides. Mais au-dessus des abus qu'il faut stigmatiser, il y a le droit qu'il faut défendre. A ceux qui attaquent le droit comme à ceux qui méconnaissent le devoir, sans craindre personne, nous disons la vérité en gardant pour tous le dévouement et la charité.

Il résulte des discours précédents que les

humbles, les mortifiés et les pauvres de Jésus-Christ, c'est-à-dire les saints, sont les vrais chefs du progrès moral, parce que par ces trois réactions victorieuses, humilité, austérité et pauvreté, ils font tomber devant eux les trois grands obstacles que la concupiscence oppose à notre progrès, l'orgueil, le sensualisme et la cupidité. Ainsi nous avons passé du cœur du siècle au cœur du christianisme, et nous avons montré dans l'un la puissance de guérir toutes les blessures de l'autre. C'est là le double point de vue et le double point d'appui de mon apostolat, le cœur du siècle et le cœur du christianisme; et le but unique, but apostolique et fraternel, est de rapprocher ces deux cœurs, afin que l'un s'absorbant dans l'autre, Jésus-Christ règne, et soit tout en tous : *Omnia in omnibus Christus*. L'année dernière, des hommes peu attentifs à l'ensemble des choses pouvaient trouver que notre apostolat n'était pas assez chrétien; il l'était cependant; alors nous montrions Satan, et nous vous disions : Repoussez-le, il est la décadence. Maintenant nous montrons Jésus-Christ, et nous vous disons : Embrassez-le : le progrès, c'est lui-même.

Il doit vous être évident, Messieurs, d'après tout ce qui a été dit jusqu'ici, que le progrès nécessaire avant tous les autres, c'est le progrès moral ; que le progrès moral, c'est la sainteté chrétienne ; et que la sainteté chrétienne est une réaction efficace contre l'orgueil, le sensualisme et la cupidité, ces trois produits de la concupiscence, obstacle général au vrai Progrès humain.

Mais il me semble que vous n'êtes pas encore satisfaits. Vous me dites : Oui, nous en sommes convaincus : le Progrès est là, et il ne peut être ailleurs, dans la réaction de l'humilité, de l'austérité et de la pauvreté contre l'orgueil, le sensualisme et la cupidité ; nous sommes prêts à défendre cet enseignement généreux et cette doctrine progressive. Mais comment pratiquer l'humilité, l'austérité, la pauvreté? La sainteté, armée de ces trois choses, est le remède à tout. Mais qu'est-ce qui donne aux saints et peut nous donner à nous-mêmes cette triple puissance, qui fait tomber les trois têtes de l'hydre? Il est évident que les saints ont soulevé le monde : d'où leur venait la force qui les a soulevés eux-mêmes ? Messieurs, depuis longtemps j'attendais l'heure pour vous dire le mot qui abrége tout. L'heure est venue, et mon cœur s'émeut en laissant devant vous échapper son secret : *l'amour de Jésus-Christ !* Voilà la force divine qui a soulevé la terre, et que nous pouvons nommer la grande force motrice du Progrès chrétien. Jésus-Christ, en se faisant aimer des hommes, a substitué son amour à la *concupiscence*, et cet amour de Jésus-Christ en possession de l'humanité l'agrandit de toute manière.

O Maître ! vous m'avez appelé à prononcer votre nom d'un lieu élevé d'où l'on est entendu au loin. J'entreprends de dire à mes contemporains, avec le secret de votre amour, le secret oublié du Progrès chrétien. Plus que jamais, prenez pitié de mon infirmité. Donnez à ma parole des accents profonds, et à ces accents des retentissements victorieux. Écoutez ceux qui prient pour l'indigne apôtre : envoyez-moi par leur prière un souffle qui porte à tous les cœurs qui entendront un écho de ma voix, cette vérité aussi douce qu'elle est souveraine : *Le progrès chrétien est l'avancement dans votre amour.*

I

L'amour de Jésus-Christ, Messieurs, est le principe le plus radical et le plus efficace du Progrès par le christianisme, parce qu'il est par sa nature la réaction la plus directe et la plus profonde contre l'obstacle général au Progrès. La concupiscence, avons-nous dit, est dans l'humanité la grande force rétrograde, parce que par sa nature même elle n'est autre que l'amour du cœur humain retourné contre son but et arraché à son centre. La concupiscence est le foyer total de toutes les passions ; c'est l'amour détaché de Dieu ; l'amour hors de sa sphère, fuyant avec son centre l'ordre, l'harmonie, le Progrès ; et faisant avec lui-même dériver la vie entière par les trois courants de l'orgueil, du sensualisme et de la cupidité, vers le désordre, la corruption et la décadence. Ces notions déjà développées sont pour nous comme des axiomes, et je n'avais ici qu'à vous les rappeler.

Il résulte de ces principes élémentaires pris dans le fond de la nature humaine et du christianisme, que pour briser l'obstacle général au Progrès, et en remonter, si je puis le dire, le ressort dans l'humanité, une grande et difficile chose était à faire. Il fallait ramener à son centre l'amour du cœur humain. Tout le mystère du Progrès se cache au fond de cette formule : retourner la vie vers son but, remettre l'amour à son centre. En effet, plus on se rend compte des mouvements de la nature humaine, plus on sonde le mystère de ses grandeurs ou de ses chutes, de ses prospérités ou de ses désastres, de ses progrès ou de ses décadences ; plus on se confirme dans cette conviction salutaire, à savoir que toutes les questions qui concernent la vie des peuples comme la vie des hommes se réduisent à cette question capitale : mettre l'ordre ou le désordre dans l'amour. L'amour est le grand moteur des hommes et des sociétés : selon qu'il se meut, les peuples et les individus se meuvent ; et il n'y a pas dans la vie humaine, vie individuelle ou vie sociale, une perversion, un désastre, une blessure, une ruine, qui ait une autre cause que cette cause :

un désordre dans l'amour. Prétendre réaliser le Progrès dans l'humanité sans mettre l'ordre dans l'amour c'est ignorer l'idée élémentaire et la racine profonde de tout Progrès. Faire du progrès moral dans l'humanité en dehors de ce principe qui est le principe de tout ordre moral, est aussi absurde et aussi impossible que de constituer l'ordre sidéral en dehors de la loi qui préside à l'harmonie des mondes.

Mais pour replacer l'amour dans l'ordre en le ramenant à son centre, et par cette restauration faire remonter à sa véritable hauteur tout l'homme avec son cœur, qu'y avait-il à faire ? Messieurs, vous demandez ce qu'il y avait à faire ? mais la réponse est bien simple : il fallait lui faire aimer Dieu. Pour que l'homme remonte, il faut qu'il tende vers Dieu ; car le Progrès humain est la marche de l'homme vers Dieu ; or, pour que l'homme tende librement vers Dieu, pour qu'il s'efforce de monter à lui, il faut qu'il l'aime : l'homme ne peut tendre à ce qui n'est pas aimé ; et il ne peut graviter vers son centre, si son centre ne l'attire. Ainsi nous arrivons, conduits par la force des choses, à cette conclusion d'une portée immense : pour que le Progrès humain existe, il faut que l'homme aime Dieu ; s'il ne l'aime, il fuit son centre, et la loi de sa vie le condamne à descendre. La loi de la vie c'est d'aimer : n'aimant plus dans le centre, il faut qu'il aime hors du centre ; n'aimant plus au-dessus de lui, il faut qu'il aime au-dessous ; et sa vie roule dans le désordre pour arriver à la dégradation. Ah ! Messieurs, vous oubliez trop le nécessaire de la vie et la base profonde du Progrès : l'amour de Dieu vous apparaît comme une chose vide, indifférente, à l'usage des ascètes et des mystiques ; et vous vous en passez avec une tranquillité qui m'épouvante ; et cependant vous n'anéantirez jamais cette doctrine invincible : pour réaliser le Progrès, il faut aller au centre ; pour aller au centre, il faut y tendre par l'amour ; or Dieu seul est centre. Donc, pour que le Progrès soit dans l'homme, il faut que l'homme aime Dieu. Cela est-il clair ? cela est-il assez radical et assez fermement appuyé sur le granit de la métaphysique populaire ? Et les philosophies ont-elles contre cette doctrine des raisons qui m'échappent ? non, Messieurs, non, il n'y en a pas ; il ne peut pas y en avoir : pour faire du Progrès humain, encore une fois il faut que l'homme aime Dieu.

Ceci va loin, Messieurs ; il en résulte immédiatement que le christianisme seul peut réaliser le Progrès, parce que le christianisme seul fait aimer Dieu par l'amour de Jésus-Christ Notre-Seigneur.

En effet, en dehors du christianisme où l'on aime Jésus-Christ, Dieu n'apparaît nulle part véritablement aimé des hommes. Qu'il y ait un amour de Dieu abstractivement possible, même dans l'ordre purement naturel, c'est ce que je ne prétends pas discuter ; je n'ai nul besoin, pour le présent, de poser là la question : je dis seulement, en embrassant les choses dans leur plus vaste ensemble, qu'en dehors du christianisme, Dieu n'apparaît pas aimé ; et que, dès lors, il ne reste au cœur humain qu'un amour qui dévie, un amour qui descend.

Le paganisme a ignoré le phénomène de l'amour de Dieu : il était, comme tel, l'antagonisme de l'amour divin ; car il était l'amour du créé et de l'humain à la plus haute puissance. Le paganisme était la concupiscence même : c'était l'amour de soi jusqu'à la répulsion de Dieu. Au lieu d'élever l'amour de l'homme jusqu'à Dieu, il a fait exactement le contraire ; il a fait descendre la Divinité dans les objets de son amour ; au lieu de se tourner à aimer Dieu, il a mis sacrilégement Dieu dans tout ce qu'il aimait. Bossuet a dit : « Tout était Dieu dans le monde, excepté Dieu même ; » nous pouvons ajouter : Tout était aimé dans le paganisme, tout, excepté l'amour même. De là dans le paganisme une impossibilité radicale du progrès moral. Cet amour qui n'allait plus à son centre, c'est-à-dire à Dieu, suivant deux courants divers : ou bien il tentait de s'élever, et alors il allait se perdre dans le vague de l'abstraction ; et se substituant lui-même à cette Divinité dont il ne gardait plus que le fantôme, il s'exaltait dans les vestiges d'un orgueil sans mesure. Ou bien cet amour tendait à descendre, et alors il allait se précipiter dans une fange immonde. Et d'un côté comme de l'autre, s'attachant à la terre pour s'en faire un festin de jouissance ou un piédestal d'orgueil, il se laissait aller à ces débauches de cupidité dont l'histoire nous a transmis l'opprobre immortel. Ainsi faisait dans le paganisme l'amour du cœur humain. Quelque route que prît cet amour dévoyé, ce n'était que chutes. On le voyait même dans les hommes les plus illustres, tantôt s'élever aux plus hauts sommets du spiritualisme doctrinal, et tantôt descendre dans les dernières profondeurs du matérialisme pratique, se laissant tomber des hauteurs de l'idée dans le cloaque des voluptés ; et le plus grand contemplateur du monde idéal se révéla comme le maître en ces voluptés charnelles, dont nous ne pouvons même dire le nom.

Il fallait donc, pour ramener le progrès dans le monde, créer dans le cœur humain un amour de Dieu respectivement nouveau, et qui n'était au fond que l'amour placé au cœur de l'homme dans la première création. Pour réformer les mœurs une transformation dans les sentiments du cœur humain était nécessaire. Or tous les sentiments du cœur humain s'abrégent dans un seul : l'amour. L'amour est dans le cœur humain le sentiment universel; un et multiple tout ensemble, il engendre et résume en lui toutes les passions du cœur. Il fallait donc, pour inaugurer dans le monde un progrès nouveau, changer totalement l'amour du cœur humain. Archimède disait : Donnez-moi un point d'appui, je soulèverai le ciel et la terre : *Dic ubi consistam, cœlum terramque movebo.* Or le point d'appui nécessaire pour soulever l'humanité où était-il, je vous prie ? il était au cœur de l'homme. Oui, c'était là, au fond du cœur humain, qu'il fallait appuyer la force qui devait soulever le monde moral. Il fallait que cette force vînt saisir tout entier l'amour du cœur humain penché vers tout désordre et toute décadence, et que par un prodige inouï au delà du Calvaire, elle le ramenât à l'ordre et au progrès en le ramenant à Dieu.

C'est le prodige accompli par le christianisme. Le christianisme a frappé au cœur de l'humanité ce coup victorieux qui a replacé l'amour dans l'ordre, et par là donné au progrès son impulsion souveraine. C'est là par excellence le grand fait chrétien. Le christianisme, c'est le cœur de l'homme rattaché au cœur de Dieu par la médiation de l'amour de Jésus-Christ. Le Verbe fait chair, Jésus-Christ, s'est *fait aimer des hommes;* et le Verbe était en Dieu, et le Verbe était Dieu: donc Jésus-Christ, en se faisant aimer, faisait aimer Dieu et ramenait le cœur de l'homme par la puissance de cet amour à son centre véritable. *Jésus-Christ s'est fait aimer des hommes:* ce fut le second prodige de son union avec l'humanité. Par le mystère de son incarnation l'union hypostatique fut réalisée entre le Verbe divin et une nature humaine privilégiée; par le triomphe de son amour sur les cœurs une autre union fut réalisée, l'union mystique entre Dieu et l'humanité par l'intermédiaire de cet amour. *Jésus-Christ s'est fait aimer des hommes;* et si c'était le lieu, je pourrais vous montrer dans ce seul fait la plus haute manifestation de sa divinité. Mais je n'ai besoin pour le présent que de constater le fait, le fait en lui-même le plus prodigieux, et dans ses conséquences morales le plus décisif qui se soit accompli dans l'histoire.

A peine Jésus-Christ était remonté au ciel; à peine le miracle de son union mystique avec l'humanité avait commencé à s'accomplir, qu'il était devenu évident qu'un amour nouveau avait pris possession du cœur humain. Cette parole du Maître : *Demeurez dans mon amour*, était tombée comme une flamme sur le cœur des disciples. La volonté de l'amour incarné s'accomplissait : « Je suis venu apporter le feu sur la terre, et quelle est ma volonté, si ce n'est que ce feu s'allume (1)? » Il s'alluma en effet; et bientôt des hommes et des femmes, de tout rang, de tout âge et de toute condition, se rencontrèrent dans le miracle d'un même amour, aimant comme on n'avait pas encore aimé sur la terre. Voulez-vous entendre les accents de cet amour accusant sa présence par des mots qui sont eux-mêmes un miracle? Écoutez : « Si quelqu'un » n'aime pas Jésus-Christ, qu'il soit anathème (2). La charité de Jésus-Christ nous » presse (3). Qui nous séparera de la charité » du Christ? Sera-ce la tribulation? sera-ce » l'angoisse? sera-ce la faim? sera-ce la nudité? sera-ce le péril? sera-ce la persécu-

(1) S. Luc, XII, 49.
(2) I Cor., XVI, 22.
(3) II Cor., V, 14.

» tion? sera-ce le glaive? Non, pas même le » glaive : l'amour de celui qui nous a aimés » nous rend plus forts que tout; non, j'en » suis certain, ni la mort, ni la vie, ni les an- » ges, ni les principautés, ni le présent, ni » l'avenir, ni la force du monde, ni la hau- » teur du ciel, ni la profondeur de l'abîme, » ni aucune autre créature que ce soit, ne » pourra jamais nous séparer de cet amour » qui nous enchaîne à Dieu par Jésus-Christ » Notre-Seigneur. *Nec creatura alia poterit nos* » *separare a charitate Dei quæ est in Christo* » *Jesu* (1). »

Quelques années plus tard, un homme enchaîné par la tyrannie était conduit à Rome par des soldats rugissant autour de lui comme des léopards; il allait mourir dévoré par les bêtes dans ce Colisée fameux, dont la ruine gigantesque se lève encore pour l'attester; écoutez ce que dit le martyr de Jésus-Christ : » Puissé-je jouir de la fureur des bêtes qui » m'attendent préparées pour mon supplice : » *Utinam fruar bestiis quæ mihi sunt præparatæ!*

(1) Rom., VIII, 35.

» Ah! je les supplie d'être promptes à me
» tourmenter et à me mettre à mort; qu'au
» lieu de craindre de me toucher comme elles
» ont fait pour d'autres martyrs, elles soient
» attirées à dévorer ma chair. Si elles ne veu-
» lent venir, moi-même je leur ferai violence,
» moi-même je les presserai de me dévorer. *Quod*
» *si venire noluerint, ego vim faciam; ego me ur-*
» *gebo ut devorer*. Pardonnez-moi, mes enfants,
» si je vous tiens ce langage; je sais ce qui
» m'est bon. C'est maintenant que je com-
» mence à être un disciple du Christ, ne dési-
» rant plus rien de tout ce qui se voit sur la
» terre, afin de trouver mon Christ lui-même.
» Viennent et le feu, et la croix, et les bêtes,
» et le fracassement de mes os, et le morcel-
» lement de mes membres, et le brisement de
» tout mon corps; viennent enfin, contre moi,
» toutes les tortures inventées par Satan :
» *Tantum ut Christo fruar* : pourvu que je
» jouisse de Jésus-Christ! » Ainsi parlait cet
amant passionné de Jésus-Christ; et lorsque, déjà condamné aux bêtes, il entendait les rugissements des lions, impatient de mourir il s'écriait : « Je suis un froment de Jésus-

» Christ, je veux être moulu par la dent des » bêtes, afin de devenir un pain immaculé : » *Dentibus bestiarum molar, ut panis mundus* » *inveniar* (1)! »

Vous venez d'entendre le cri d'un apôtre défiant toute la création, le cri d'un martyr défiant la persécution ; écoutez une vierge, écoutez une enfant devant la tentation : « Retire- » toi, aliment de la mort, un autre t'a prévenu. » Le Christ a posé sur mon front le signe de » son amour; et je ne puis plus en aimer un » autre : *Posuit signum in faciem meam, ut* » *nullum præter eum amatorem admittam*. A lui » seul je garde ma foi; à lui seul je donne » tout mon dévouement; j'ai épousé celui » dont les anges servent la majesté, dont le » soleil et la lune admirent la beauté. Il m'a » donné son anneau, il m'a ornée de sa cou- » ronne. Retire-toi, j'aime le Christ : *Amo* » *Christum!* oui, je l'aime; car son amour me » laisse ma chasteté, et le mariage sacré qui » me fait son épouse me laisse ma virginité :

(1) S. Ignace d'Antioche, martyr, aux Romains.

» *Quem cum amavero, casta sum; cum accepero,*
» *virgo sum* (1). »

Tels sont les accents nouveaux que l'amour de Jésus-Christ fait sortir des cœurs dont il vient de prendre possession; ainsi ont parlé, dans des conditions si diverses, Paul de Tarse, Ignace d'Antioche et Agnès de Rome. Par la voix de Paul tous les apôtres vous ont parlé; par la voix d'Ignace, tous les martyrs vous ont parlé; par la voix d'Agnès, toutes les vierges vous ont parlé; par la voix de ces trois saintetés, le cœur de tous les saints vous a parlé; il vous a dit le dernier mot de la sainteté dans les saints, et le dernier mot du progrès dans ces hommes progressifs : *l'amour de Jésus-Christ.*

Oui, Messieurs, il y a un mot qui abrége tout dans la sainteté chrétienne : l'amour de Jésus-Christ. Là est la souveraine, l'unique passion des saints; là est le secret profond de leur sainteté. Le saint n'est saint que par l'énergie de cet amour. Un saint est un grand chrétien; or le chrétien le plus digne de son

(1) Ste Agnès, Brév. rom.

nom, c'est celui qui sait le mieux dire et surtout le mieux faire la parole d'Agnès : *Amo Christum,* j'aime le Christ; et l'héroïsme de la sainteté n'est que le miracle de cet amour élevé à la plus haute puissance. Cherchez dans toute l'histoire de l'Église un saint, un véritable saint qui n'ait porté dans son cœur cette passion, cet enthousiasme, cet enivrement de l'amour de Jésus-Christ, vous ne le trouverez pas. Et ceux qui ont été saints, c'est-à-dire ceux qui ont aimé Jésus-Christ jusqu'à une sainte folie, ne l'oubliez pas, ils ont été des millions dans chaque siècle chrétien, et leur amour, principe générateur de leur sainteté, a déterminé la marche du progrès moral.

Oui, cet amour régnant dans l'homme c'est le vrai progrès de l'humanité ; car c'est la défaite totale de la concupiscence, et par la défaite de la concupiscence, l'amour retourné vers Dieu, l'amour dans l'ordre. La condition de tout vrai progrès, c'est la perfection morale ; la perfection morale, c'est l'ordre dans l'amour, et l'ordre dans l'amour c'est Jésus-Christ aimé des hommes; et Jésus-Christ aimé c'est le progrès, parce que c'est la défaite radicale de la concupiscence seul obstacle au progrès. Ces vérités se tiennent comme les anneaux dans une chaîne ; et c'est parce que le christianisme comprend et réalise cet admirable enseignement, qu'il est seul et à jamais la vraie religion du progrès.

L'amour de Jésus-Christ, en prenant possession du cœur humain, y a opéré un mouvement immense de réaction contre la concupiscence. Pour vaincre l'orgueil, il a fait aimer l'humilité; pour vaincre le sensualisme, il a fait aimer la mortification; pour vaincre la cupidité, il a fait aimer la pauvreté. Et pour rendre aimables ces trois choses humainement haïssables, lui-même s'est fait humilité, austérité et pauvreté! et il a dit à l'humanité : Aimez-moi tel que je suis; moi humilié, moi crucifié, moi dépouillé. Et l'humanité vraiment chrétienne a répondu avec Agnès : *Amo Christum;* j'aime le Christ. Oui, j'aime mon Christ anéanti, j'aime mon Christ flagellé, j'aime mon Christ pauvre; cet amour qui m'attache à lui m'attache à ces trois compagnes de sa vie, à l'humilité, à l'austérité, à la pauvreté ; et armé de amour, qui a pris en moi la place de tout, je marche dans sa force à la défaite de mon orgueil, de mon sensualisme et de ma cupidité ; j'abats sous mes pieds vainqueurs cet obstacle au progrès que Satan relève toujours ; je lutte enfin corps à corps, jour par jour, et heure par heure avec ce triple désordre : et plus je triomphe, plus je sens que se refait en moi mon harmonie des premiers jours ; pourquoi ? parce que cet amour, que je laissais tomber sur la terre, sur mes sens, sur moi-même, se détache de la terre, s'arrache de mes sens, et se retire de moi-même, pour se replacer au centre de tout ordre, de toute harmonie et de tout progrès, c'est-à-dire en Dieu.

Messieurs, je vous le demande, sous quelque drapeau que l'on se range, se peut-il concevoir de plus profonde restauration de l'ordre, de plus magnifique idée du progrès ? Voilà au sommet et au centre de toute l'humanité chrétienne le Christ en qui tout se restaure dans l'ordre et se soutient dans l'harmonie : *et omnia in ipso constant* (1). Dans cet amour

(1) Col , I, 17.

et par cet amour de Jésus-Christ, je vois se réaliser cette formule abrégée de tout ordre et de tout progrès : tous les hommes unis à Dieu, tous les hommes unis entre eux, et tous ensemble marchant à leur centre commun. Le paganisme dit que le maître des dieux tenait les générations des mortels suspendues à la chaîne d'or du destin ; ah ! voici bien autre chose que la fiction de la Fable ; c'est la magnificence de l'histoire, c'est la grande réalité chrétienne. Du haut du ciel Jésus-Christ tient attachées à son cœur par la chaîne de son amour les générations qui l'aiment ; il les attire au centre en les attirant à lui ; et cette attraction de l'humanité vers le cœur de Jésus-Christ, c'est le progrès chrétien.

II

Je pourrais, en parcourant ici la série ascendante des progrès que nous sommes appelés à réaliser, vous montrer en tout ordre de choses l'action progressive de l'amour de Jésus-Christ : cet amour dans le christianisme touche à tout; il a ses points de contact avec la science, avec l'art, avec la société; il est comme le souffle qui donne à tout l'inspiration, l'accroissement, la vie; il est en un mot, le divin abrégé du progrès chrétien; si Dieu nous le donne, nous verrons reparaître plus d'une fois dans tout ce qui nous reste à dire l'influence cachée de cet amour de Jésus-Christ, moteur universel du monde chrétien; et la science, et l'art, et l'ordre social, et l'ordre matériel lui-même dans ce qu'il a de légitime, recevant de cet amour une impulsion féconde. Pour le présent, je me borne à vous montrer la transformation morale accomplie dans le cœur humain par l'amour de Jésus-Christ.

Jamais, Messieurs, même après y avoir réfléchi, vous ne pourrez comprendre dans toute son étendue la transformation faite dans le cœur humain par le triomphe de l'amour de Jésus-Christ sur la concupiscence. Toute transformation profonde de la vie humaine se fait par la transformation de l'amour. Pour changer un homme que faut-il? Changer son cœur. Le cœur est le centre de la vie, et quiconque emporte le cœur emporte toute la vie. Or, ce qui est vrai d'un homme est vrai de l'humanité ; changez partout l'amour du cœur humain, vous avez une humanité nouvelle. C'est là le secret incommunicable du divin transformateur du monde ; il a mis dans le cœur humain un amour nouveau, le sien ; et par là, il a changé dans l'humanité tout le mouvement de la vie. Jésus-Christ a pris les cœurs : il les a ravis, enlevés, à la lettre, avec une force qui n'a d'égale que sa douceur, et il a emporté avec eux et par eux l'humanité entière dans son propre mouvement. Si vous voulez savoir quel est le sens et la direction de ce mouvement nouveau imprimé au cœur humain par l'amour de Jésus-Christ, vous n'avez qu'à considérer un moment, au cœur des véritables saints, l'amour transformé par le contact du cœur de Jésus-Christ ; et vous allez voir que l'amour de Jésus-Christ a communiqué à l'amour du cœur humain tous les attributs qui le rendent progressif, et préparent dans son progrès tous les autres progrès.

Le premier attribut que l'amour de Jésus-Christ donne à l'amour du cœur humain, c'est l'élévation ; c'est de lui qu'il est dit : Il n'y a rien de plus haut que l'amour, *nihil altius amore*. Il fallait faire remonter cet amour du cœur humain si profondément déchu ; et pour cela qu'y avait-il à faire ? Il fallait appuyer au cœur de l'homme la force de l'amour divin pour l'enlever jusqu'au cœur de Dieu ; c'est ce qui fut fait par l'amour de Jésus-Christ. On dit qu'un feu central a formé les montagnes en relevant en certains points du globe la surface de la terre. L'amour de Jésus-Christ, en se mettant au centre de l'humanité, a fait quelque chose d'analogue dans le monde moral ; les cœurs qui en ont senti la force se sont élevés au-dessus de l'humanité ; et je ne crains pas de dire qu'aujourd'hui encore, toute génération qui a reçu le coup de cette force enlevante, c'est-à-dire toute génération chrétienne qui aime Jésus-Christ, dépasse le niveau général de l'humanité, comme les montagnes des Andes et de l'Himalaya dépassent par leur hauteur toutes les plaines et toutes les collines de la terre. Qui osera nier ce fait éclatant comme la lumière, l'élévation du cœur des saints par l'amour de Jésus-Christ ? Ah ! quand cet amour s'est vraiment emparé d'un cœur, si ravalé qu'il le trouve, il l'élève avec lui-même à ce qu'il y a de plus grand, de plus beau, de plus saint, de plus sublime ; il met au cœur qu'il possède des aspirations et des désirs qui l'emportent, et avec lui l'homme tout entier, vers les plus grandes hauteurs ; et ce cœur monte sous la force qui le pousse vers les régions mêmes qu'habite cet amour ; amour divin qui ne descend au cœur de l'homme que pour faire monter avec lui-même vers sa propre hauteur ; pareil à ces eaux qu'on fait descendre d'un lieu élevé pour les faire remonter de leur propre poids à la hauteur d'où elles tombent.

Cet amour, qui est le plus élevé, est le plus large aussi ; et c'est de lui qu'il est dit : *Nihil latius amore*. Rien sur la terre ne peut dépasser sa mesure, parce que sa nature même est d'être sans mesure. Nous sommes aujourd'hui à la poursuite d'un amour large, immense, et, comme disent les novateurs, *humanitaire ;* nous cherchons l'amour qui n'exclut rien de ce qui est humain, qui va jusqu'où s'étend l'humanité. Mais cet amour dont vous ne portez dans vos âmes le sentiment généreux, que parce que le christianisme en a montré à votre intelligence l'idéal sublime, où est-il, je vous prie, et qui pourra vous le donner? O vous qui loin de Jésus-Christ rêvez l'impossible et poursuivez l'imaginaire, écoutez : cet amour que vous cherchez, il est là, à sa source divine, au cœur de Jésus-Christ. Lui seul en triomphant de la concupiscence sait donner au cœur humain cette dilatation qui va s'agrandissant toujours sans se rétrécir jamais. Là est l'amour qui ne connaît pas de frontières; amour qui embrasse les grands sans exclure les petits; amour universel, où il n'y a plus de blancs ni de noirs, de libres ni d'esclaves, de Scythes ni de Grecs; où il n'y a plus que des hommes aimés en Dieu et pour Dieu, en Jésus-Christ Notre-Seigneur; amour fraternel enfin, où, des points extrêmes du monde moral et du monde physique, les hommes se tendent le cœur et la main pour s'unir, s'aimer et s'embrasser en Jésus-Christ. Allez par le monde, et trouvez, si vous pouvez, un amour comparable à cet amour. Loin de Jésus-Christ et de son cœur, vous avez beau chercher et chercher encore, vous ne rencontrerez qu'un amour borné, partial, exclusif; un amour retranché dans le foyer, dans la caste, dans la famille, dans la patrie; un amour qui s'arrête à la limite d'un système, à la frontière d'une opinion, à l'ombre d'un drapeau; amour misérable, étroit comme un parti, froid comme l'égoïsme, et peut-être cruel comme la passion. Ah! j'entends bien que l'on demande partout l'amour de l'humanité entière; mais si je regarde autour de moi, je ne rencontre, à la grande douleur de mon âme, que des hommes occupés à excommunier des hommes; et ceux-là surtout qui parlent le plus haut de fraternité universelle et d'amour humanitaire, je les vois qui enveloppent de haines la motié de l'humanité, et menacent de leurs vengeances la motié de leurs frères!

Ah! si nous voulons aimer, non-seulement plus loin que le moi, mais plus loin que la famille, plus loin que la patrie, plus loin que la caste, plus loin que tout parti, aimons celui dont l'amour s'étend à l'humanité entière, et par delà encore; gardons dans notre cœur cet amour si largement fraternel; car pour moi, je l'avoue, je ne puis rien exclure de cet amour qui embrasse tout; et celui que ses erreurs, ses préventions, et même ses haines éloignent le plus de moi, là je le retrouve; et fût-il un ennemi, je sens que je puis encore l'embrasser comme un frère.

Cet amour le plus large et le plus élevé est en même temps le plus profond; comme l'océan il a d'inépuisables profondeurs. Aussi est-ce à la lettre le seul amour qui ne s'épuise pas. L'amour humain facilement tarit, car il manque de profondeur : il peut avoir comme un beau lac des eaux limpides et des surfaces brillantes, il n'a pas d'insondables abîmes : il est un flot qui s'écoule, il n'est pas un océan qui demeure : il n'a pas la puissance de se verser toujours et de ne tarir jamais. L'amour de Jésus-Christ a cette puissance, rien ne l'épuise, parce que rien ne touche à son fond qui est Dieu même. Comme l'océan, cet amour soulevé par des souffles orageux peut un moment se remuer dans ses abîmes; quand l'orage a passé, on le retrouve aussi plein et aussi profond aujourd'hui qu'il était hier et qu'il sera encore demain : il n'y a rien de plus profond et de plus plein tout ensemble : *nihil plenius*. Par un attribut tout divin, cet amour s'étend sans rien perdre de sa profondeur. Plus il se fait avec l'amour de Jésus-Christ vaste et universel, plus il ouvre au fond de lui-même des sources toujours nouvelles, d'où les pures affections jaillissent comme des flots qui grossissent sans rien diminuer de la fécondité de leur source. Cet amour que l'homme du plaisir, de la richesse ou des honneurs laisse tomber goutte à goutte sur toute créature, le chrétien le recueille au dedans de lui-même ; il lui fait dans son cœur un réservoir profond. Et cet amour qu'il amasse, ce n'est pas pour le garder, c'est pour le répandre ; ce n'est pas pour s'en faire à lui-même un bonheur égoïste, c'est pour en faire aux autres des dons généreux et de fraternels dévouements. Mais avant de le verser autour de lui, il le met en communication avec l'intarissable amour ; il le fait passer par le cœur de Jésus-Christ, pour l'associer en quelque sorte à son infinité : et il advient ainsi que cet amour peut sans épuiser sa source se répandre partout. Comme le sang se ramasse et se ravive au cœur pour de là distribuer sa vie dans son corps tout entier, ainsi l'amour du chrétien, en passant par le cœur de Jésus-Christ, y ravive dans ses profondeurs infinies son inépuisable fécondité.

Amour le plus profond, amour le plus fort aussi, car c'est de lui qu'il est dit encore : *nihil fortius*. Non, il n'y a rien de plus fort ; et le secret de sa force, c'est sa profondeur même. Rien n'est fort et ne résiste longtemps que ce qui a des racines profondes plongeant dans une terre ferme. Là est le secret de la force de cet amour ; il a les racines les plus profondes, et ses racines l'attachent à Dieu, c'est-à-dire à l'inébranlable ; car cet amour est enraciné dans l'amour même de Dieu, et Dieu est son immuable fondement : *in charitate radicati et fundati* (1). Voilà pourquoi rien ne peut vaincre sur la terre l'amour de Jésus-Christ. Ah ! il est trop vrai, quand cet amour est en moi, je puis le laisser défaillir et décroître, et alors vous pouvez me vaincre ; je ne suis qu'un roseau, et vous pouvez me briser

(1) Eph., III, 17.

mais quand je garde cet amour, quand je m'attache à lui ; quand toutes mes pensées, tous mes désirs, toutes mes ambitions, toutes mes forces enfin m'enlacent autour de lui, comme les racines d'un arbre s'enlacent autour d'un roc ; alors, si faible que j'apparaisse aux yeux de ceux qui se promettent sur moi une facile victoire, je ne puis plus être vaincu. Comme Paul, comme Ignace, comme Agnès, du fond de ma faiblesse, je me sens invincible. Cet amour n'a peur de rien, et parce qu'il n'a peur de rien, il est vraiment plus fort que tout : *nihil fortius*.

Messieurs, ai-je fini de vous dire tous les attributs surhumains que communique à notre amour l'amour de Jésus-Christ ?... J'ai dit : amour le plus élevé, le plus large, le plus profond, le plus fort; est-ce tout? Ah ! j'oubliais un attribut qui nous le rend plus attractif et plus sympathique que tous les autres ; j'oubliais de vous dire qu'il est le plus *doux* aussi ; et c'est de lui encore que ce mot fut écrit ; *nihil suavius*. L'amour de Jésus-Christ est l'amour de l'agneau de Dieu. Quand on l'aime, on est atteint de cette heureuse contagion qu'exhale autour de lui le souffle de l'agneau ; on éprouve le besoin d'être bon comme Jésus fut bon, doux comme Jésus fut doux, patient comme Jésus fut patient : et on montre une fois de plus que l'amour de Jésus est l'amour divin, puisqu'il est non-seulement sublime, profond, large et fort, mais suave et doux comme l'amour de Dieu. Je n'en suis pas étonné ; cet amour, c'est l'amour de l'homme dans l'ordre, c'est l'amour replacé dans son centre, et là se trouvent au contact de Dieu tous les attributs qui élèvent, fortifient et transfigurent la vie !

Oh ! si vous compreniez comme sous l'impulsion de cet amour, l'homme tout entier, entraîné par son cœur vers tout ce qu'il y a de plus grand, entre à pleines voiles sur la route du progrès ! Que peut fuir de beau, de pur, de saint, de légitime, de sublime, de divin, celui dont le cœur est poussé par cette force de Dieu, comme un navire par un souffle du ciel ? Et comment celui qui vogue porté par cet amour n'ambitionnerait-il pas de toucher aux rivages les plus fortunés que le progrès découvre au lointain de l'avenir ? Ah ! ces hommes passionnés pour l'amour de Jésus-Christ; ces hommes dont le cœur est devenu plus haut, plus large, plus profond, plus fort, et plus doux que tout ce qui est humain, ils sont si ardents, et en même temps si puissants pour tout ce qui est généreux et vraiment progressif, que si un quart de l'humanité seulement se laissait posséder par l'empire de cet amour, on ne peut douter que cette minorité héroïque n'entraînât après elle l'humanité tout entière. Les voyez-vous au commencement du christianisme et à travers sa longue histoire ces chrétiens illustres qui ont porté dans leur cœur comme leur suprême passion cet amour souverain? Quels hommes que ces hommes! quelles mœurs que leurs mœurs! quelles vertus que leurs vertus! L'amour de Jésus-Christ est entré si profondément dans leur cœur, et par leur cœur dans leur être tout entier, qu'il en fait sortir comme son produit spontané des mœurs et des vertus qu'on croirait impossibles à l'homme; leurs mœurs imitent ses mœurs divines, leurs vertus représentent ses vertus divines, leur vie manifeste sa vie divine. C'est l'homme tel que le demandait saint Paul, alors qu'il disait : Que la vie du Christ soit manifestée en vous : *Vita Christi manifestetur in vobis;* l'homme tel que le saluait Tertullien en le montrant aux païens comme une apologie du christianisme : *Christianus alter Christus.* Voilà la douceur, mais quelle douceur ! voilà la patience, mais quelle patience ! voilà la charité, mais quelle charité ! voilà la pureté, mais qu'elle pureté ! voilà la vertu, mais quelle vertu ! voilà enfin la perfection, mais quelle perfection ! Ah ! cette perfection, je la reconnais, je la salue comme la fille légitime du vrai christianisme. Cette perfection, c'est l'homme fait à la mesure du Christ, l'homme parfait, l'homme du progrès !

Comment s'est accompli ce changement subit, inouï, miraculeux ? Cette transformation si radicale du cœur de l'homme et de toute sa vie, qui l'a faite tout à coup? d'où est venu, en si peu de temps, ce progrès tel que l'humanité n'en réalise pas par de longs siècles d'efforts? Ce progrès est le résultat de cette parole entrée dans le cœur des hommes avec l'amour de Jésus-Christ ; *Prenez dans votre cœur les sentiments du cœur de Jésus-*

Christ. Jésus-Christ a touché les cœurs de son cœur : au contact de ce cœur divin, des sentiments nouveaux sont nés dans le cœur des hommes ; des sentiments nouveaux ont engendré des mœurs nouvelles ; et l'épanouissement de ces mœurs nouvelles dans les individus, la famille et la société, a montré sous le ciel un monde supérieur qui naît au berceau du Christ pour de là se dérouler dans l'avenir.

Voilà, Messieurs, comme l'amour de Jésus-Christ a changé avec l'attraction du monde moral le mouvement de l'humanité, et déterminé par sa puissance un immense progrès. Eh bien, aujourd'hui encore, il faut qu'un changement pareil s'accomplisse parmi nous : il faut que sous une nouvelle impulsion de l'amour de Jésus-Christ un nouvel agrandissement se fasse au sein de l'humanité chrétienne. A quoi tient-il, pensez-vous, que nos mœurs encore une fois penchent au paganisme ? Les cœurs sont séparés de Jésus-Christ ; en se séparant de lui, ils ont quitté leur centre, et ont tourné de nouveau à l'abaissement et à la décadence. Hélas ! il est trop vrai, Jésus-Christ n'est pas aimé ! Quand je regarde autour de moi tant de frères déchus et malheureux que je voudrais ramener tous à leur grandeur et à leur félicité perdues, savez-vous ce qui pénètre comme d'un glaive douloureux mon cœur d'homme, de chrétien et d'apôtre? Ah! je vais vous le dire; c'est de voir absent de tant de cœurs chrétiens l'amour de Jésus-Christ; c'est de me sentir forcé, devant la réalité qui m'afflige de faire entendre ce cri de mon âme désolée: Jésus-Christ n'est pas aimé! Dites-moi, est-ce que vous n'avez pas remarqué comme Jésus-Christ devient chaque jour pour des multitudes de chrétiens comme un Dieu étranger? Je me trompe encore; il devient pour beaucoup, non plus un Dieu, mais un homme, un réformateur, un sage; pour plusieurs, il est moins que cela; il est une idée, une image, un symbole, un mythe : il est une personnification qu'on admire, il n'est pas une personne qu'on aime.

Aussi voyez ce que devient l'amour de Dieu au fond de ces cœurs qui ont laissé s'éteindre en eux le feu sacré de l'amour de Jésus-Christ. Ces hommes qui ont encore le nom du Christ sur leurs lèvres, et qui dans leur cœur n'ont rien de son amour, est-ce que vous croyez qu'ils aiment Dieu? le croyez-vous, dites-moi? Non, ils ne l'aiment pas; comme autrefois dans le cœur des païens l'amour de Dieu est mort dans le cœur des chrétiens.

Ces savants, ces philosophes et ces réformateurs qui rêvent un christianisme réprouvé par Jésus-Christ, croyez-vous qu'ils aiment Dieu? Comment l'aimeraient-ils? au sein de leurs doctrines sur l'homme, sur la création et sur la providence, l'amour de Dieu s'évanouit comme une chimère, un rêve, une impossibilité : et les théories panthéistiques gagnant de plus en plus les intelligences malades et les cœurs gangrenés, laissent cette humanité triste devant l'ombre froide du Dieu impersonnel. Et ces poëtes, et ces littérateurs, et ces romanciers, et ces dramaturges, qui ont oublié leur baptême et leur première communion, est-ce qu'ils aiment Dieu? hélas! non; ces hommes, peut-être grands de cœur et riches d'amour, jettent au vent les trésors de leur cœur; et leur amour sans but fixe et sans direction généreuse s'en va se perdre dans le vague de ses aspirations, ou s'évanouir au milieu de ses vertiges dans les ivresses de la volupté. Et ces âmes rêveuses, âmes aimantes mais tristes, qui cherchent du regard à travers l'atmosphère sombre de la réalité les splendides visions de l'idéal, et qui semblent porter assez d'amour pour embrasser tout ce qui respire sur la terre, est-ce qu'elles aiment Dieu! Non, elles n'aiment pas Dieu; elles cherchent l'impossible, elles aspirent l'imaginaire; croyant pouvoir tout aimer, et n'aimant en réalité qu'elles-mêmes, elles s'en vont à tous les rivages verser mollement la surabondance de leur cœur, sans avoir le courage de faire remonter jusqu'à leur source ses amours égarés et ses affections perdues.

Et si des âmes d'artistes, de poëtes, de philosophes, et de tous ceux qui cherchent encore dans les régions de l'esprit le culte d'un idéal, nous passons à l'autre extrême, c'est-à-dire aux adorateurs de la matière et de la chair, amants passionnés du positif et du réel, est-ce que nous retrouverons l'amour de Dieu? ah! beaucoup moins encore. Dites-moi, ces industriels sans christianisme, ces économistes sans morale, ces positivistes sans principes, tous ces matérialistes sans foi et sans vertu, est-ce qu'ils aiment Dieu? Non, mille fois non. Ils ont un cœur pourtant; et dans ce cœur un amour. Où tombe-t-il? Quoi! vous le demandez? il tombe là où sont tombés leur culte et leur adoration, sur la matière et la chair.

Et tout ce peuple qui connaît à peine le nom de Jésus-Christ; tout ce peuple qui touche le ciseau, la lime ou le marteau, penché sous un travail que n'interrompt plus même le saint jour du Seigneur; tout ce peuple aime-t-il Dieu! Que demande ce peuple? qu'ambitionne ce peuple? que cherche ce peuple? Je ne sais : mais Dieu n'est pas dans ses désirs, Dieu n'est pas dans ses rêves, Dieu n'est pas dans ses ambitions. Pourquoi? Dieu n'est plus dans son amour. Ah! ce peuple qui, lui aussi, a des besoins généreux et des instincts sublimes, autrefois il aimait Dieu, parce qu'il aimait Jésus-Christ; et sa vie, si inclinée qu'elle parût sous le poids du travail, se relevait au souffle de cet amour : aujourd'hui plus rien ne le relève, parce que plus rien ne lui fait aimer Dieu. Et parce que Dieu n'est plus aimé, tout dans ces générations nouvelles descend à ce qu'il y a de plus éloigné de Dieu : cet amour séparé de son centre, aujourd'hui comme il y a trois mille ans, en France et à Paris, comme dans la Grèce et dans Rome, tout retourne à l'orgueil, au sensualisme, à la cupidité, au culte de la chair, à l'idolâtrie de l'or, à l'adoration de soi-même ; en un mot, tout retombe dans la concupiscence, et par elle et avec elle, tout penche vers sa ruine, tout nous menace de décadence.

Messieurs, qui fera de nouveau remonter l'humanité? ah! la seule puissance qui la fit remonter il y a bientôt deux mille ans : l'amour de Jésus-Christ en ressaisissant le cœur des hommes, le replacera dans le cœur de Dieu ; et brisant la barrière qui nous arrête, il rouvrira devant nous la carrière du progrès fermée par la concupiscence. Voilà le règne de Dieu qui doit renouveler la terre. Vous le voyez, c'est le règne de l'amour ; c'est l'amour divin appelé à triompher encore une fois au sein de notre humanité égoïste ; et qui en rattachant en lui-même et par lui-même les cœurs des hommes à Dieu, et tous ces cœurs entre eux, doit inaugurer parmi nous un agrandissement et un progrès nouveau. Ce règne de Dieu le siècle l'appelle, la Providence le prépare, l'humanité l'attend : et ma parole interprétant les espérances de mon cœur ose le prophétiser!

Ah! j'ai regardé ce siècle qui descend ; et qu'ai-je vu, mon Dieu? un monde désolé, plein de cœurs aimants, fraternels, généreux, qui souffrent d'un malaise immense et ne savent où se poser : j'ai vu au fond de ces cœurs l'amour qui se remuait avec anxiété, avec tristesse, pour ne pas dire avec désespoir. J'ai senti passer un souffle universel qui aspirait quelque chose ; souffle doux et terrible, fécond et orageux tout ensemble! Qu'est-ce que cela? Ce sont des millions de cœurs qui ont quitté leur centre et qui disent en passant dans leurs mouvements égarés : « Nous voulons aimer ; nous ne trouvons pas l'amour. » Jamais, comme en notre temps, a-t-on senti dans l'atmosphère des âmes la respiration de l'amour? de l'amour qui rêve, de l'amour qui souffre, de l'amour qui se lamente, de l'amour qui se désespère, de l'amour qui se sent mourir parce qu'il ne trouve pas où reposer sa vie? Jamais, comme en notre temps de luttes, de commotions et d'orages, a-t-on vu partout, dans les académies, les écoles, les partis, les cercles et les ateliers, les prédicateurs, les chercheurs, les organisateurs, les rêveurs de l'amour? Croyez-vous qu'au fond de tout cela il n'y ait rien qui prophétise ? croyez-vous que cette respiration des âmes, ce souffle des cœurs et ces tressaillements d'un siècle plus ému dans son fond que tous les autres siècles, ne nous annonce rien? et que dans les desseins de la Providence tout cela ne doive passer au milieu de nous que comme l'ouragan qui se précipite, n'ayant d'autre vocation que de faire tourbillonner sur son passage la poussière du désert ?

Ah! Messieurs, détrompez-vous. Ce que la Providence prépare, ce n'est pas ce que des hommes méditent : ce n'est pas une lutte entre des haines fratricides, c'est une vaste expansion de fraternel amour ; c'est cette nouvelle explosion de sainteté dont je vous ai parlé. Ce que la Providence amène, je vous le dis en vérité, c'est, enfin, un immense progrès de l'amour. Oui, mais cette restauration comment se fera-t-elle ? ce progrès comment s'accomplira-t-il ? Ah ! par la puissance de cet amour qui restaure toute chose au ciel et sur la terre : par la puissance de l'amour de Jésus-Christ.

Quand je vois sous mes yeux tant d'amours qui s'égarent dans l'erreur, qui se précipitent dans la chair ou qui se perdent dans le vide ; et quand j'en vois tant d'autres qui ne savent où ils vont, je me dis, dans un élan d'amour fraternel et d'ambition apostolique : Oh ! si tous ces amours venaient à ce foyer de tout amour ! Si ces cœurs qui fuient, s'égarent et se corrompent, venaient tous se reposer au cœur de Jésus-Christ ! Si ces vents qui remuent la terre conspiraient tous ensemble pour ramener de nouveau tous ces cœurs à leur centre, c'est-à-dire au cœur de Jésus-Christ ; grand Dieu ! quel changement dans les hommes, et quelle restauration dans les choses ! quelle ascension dans les âmes, quelle harmonie dans les cœurs, quelle force dans la société, quel progrès dans l'humanité ! Je me dis, en regardant le cœur ouvert de Jésus-Christ, habitacle vivant de l'amour : Si tous nos cœurs étaient là, autour du sacré cœur, centre de la vie du Christ, et du progrès chrétien ! s'ils étaient là prêts à suivre le mouvement qui l'emporte lui-même !... quel avenir, grand Dieu !... Ah ! c'est un rêve peut-être ; mais ce rêve vous me le pardonnez ; je rêve votre grandeur, je rêve votre progrès, je rêve votre bonheur ; je rêve dans le cœur de celui que j'aime votre ciel sur la terre. Pardonnez-le, c'est un rêve d'ami, c'est un rêve de frère ; c'est un rêve d'apôtre aussi ; et mon Dieu qui me l'envoie me dit au cœur que ce rêve peut devenir et bientôt deviendra, sinon pour tous du moins pour un grand nombre, la réalité que j'appelle.

O Dieu, vous voulez que nous emportions les cœurs par la puissance de votre cœur ; et vous avez dit comme autrefois : Qui enverrai-je ? *Quem mittam ?* mon cœur vous a répondu : Me voici ! ô Maître, envoyez-moi : *Ecce ego, mitte me* (1) ! Je crois à la puissance de votre amour pour triompher du cœur des hommes ; mettez son feu dans mon cœur, sa flamme

(1) Isaïe, VI, 8.

dans ma parole, et envoyez-moi : *Ecce ego, mitte me.* Si je n'emporte le tout, j'emporterai une partie, la partie généreuse, capable de donner l'impulsion à l'autre ; et puisse cette minorité montrer, par le miracle de son amour et le prodige de son agrandissement moral, que le progrès par le christianisme est ce que nous l'avons nommé : *l'amour de Jésus-Christ régnant dans les chrétiens.*

SEPTIÈME CONFÉRENCE

SEPTIÈME CONFÉRENCE

LE PROGRÈS MORAL

PAR LA DESTRUCTION DE L'ÉGOISME

ÉMINENCE,

Après avoir établi que le christianisme est la source du progrès moral, parce qu'il produit la sainteté, qui est le progrès moral à sa plus haute puissance, nous avons montré le secret de ce progrès dans les réactions efficaces que le christianisme oppose à toutes les concupiscences qui dégradent l'humanité. Recherchant ensuite quelle est la force cachée qui a soulevé le monde et produit la sainteté, cause effective de ces réactions progressives, nous l'avons trouvée dans le mot qui résume tout le christianisme pratique : *l'amour de Jésus-Christ*. Pour arrêter le débordement des concupiscences qui emportent les hommes à la dégradation, il faut replacer l'amour à son centre en le ramenant à Dieu. Jésus-Christ par son cœur opère ce mouvement de restauration et de progrès. Dieu-Homme il se fait aimer ; et en se faisant aimer, il fait aimer Dieu et replace l'amour de l'homme à son centre divin. Ramené là, l'amour de l'homme se transforme, et reçoit au contact du cœur de Jésus-Christ quelque chose de ses divins attributs ; ildevient le plus élevé, le plus large, le plus profond, le plus fort, le plus doux, le plus parfait, de toute manière ; et par là, cet amour, entrant dans le mouvement du progrès, y entraîne tout après lui, parce qu'il est lui-même le centre et l'abrégé de l'homme tout entier. De ces principes élementaires pris dans la vie intime du christianisme et de l'humanité, nous avons conclu que le progrès chrétien ne reprendrait au milieu de nous sa marche déjà dix-huit fois séculaire qu'à la condition de chercher son impulsion et sa vie dans le cœur de Jésus-Christ, centre vivant du vrai christianisme, seul capable de ramener à l'ordre tant d'amours qui s'égarent.

Je pourrais m'arrêter ici dans la démonstration du progrès moral par le christianisme; mais je suis heureux qu'une grande œuvre de charité, qui est aussi une œuvre de progrès (1), me fournisse l'occasion de donner aux développements qui précèdent leur légitime complément, en vous montrant aujourd'hui l'effet immédiat et le résultat général de ce que nous avons dit, et qui sera comme un nouveau point de départ pour ce qui nous reste à dire. Je veux montrer que l'amour de Jésus-Christ, en possession du cœur humain, est la destruction de l'obstacle le plus universel et le plus central à tous les progrès, parce qu'il est la défaite totale de l'égoïsme.

(1) Cette Conférence supplémentaire a été donnée à l'occasion de l'Œuvre des épileptiques, fondée à Tain (Drôme), par le zèle de M. le comte de Larnage, et confiée à la charité des Filles de Saint-Vincent de Paul.

Pour peu qu'on soit doué de la puissance d'aimer, et qu'on éprouve le besoin de se donner à d'autres êtres qu'à soi-même, on sent dans la vie avec une indignation mêlée d'attendrissement le passage de ce mal qui blesse le plus profondément le cœur humain : l'égoïsme. J'entends par ce mot la tendance la plus directement opposée au véritable amour. Par l'amour, on sort de soi pour se donner à d'autres êtres ; par l'égoïsme, on rentre en soi pour se donner à soi-même. Pour aimer, il faut être au moins deux ; l'égoïsme vit tout seul, et il se complaît dans sa vie solitaire ; il dit : « Moi, encore moi, moi tout seul ; moi pour personne, tous les autres pour moi ; moi le maître, tous les autres serviteurs ; moi la gloire, l'unique gloire, tous les autres des reflets de ma gloire ; moi la voix, l'unique voix, tous les autres des échos de ma voix ; moi le centre, l'unique centre, les autres des points dans ma sphère. En un mot, moi tout, les autres rien, si ce n'est pour moi-même. « Ces paroles vous en disent plus que les définitions ; elles vous peignent avec son propre langage cet être indéfinissable qu'on ne sait comment se représenter, à qui on n'ose donner ni les traits ni le visage de l'homme, parce qu'il n'y a rien qui fasse plus d'honneur à notre humanité, l'égoïsme ; l'égoïsme, ce je ne sais quoi de dur, d'âpre, de froid, de malsain, de mortel, dont le souffle nous glace, et dont le contact donne la mort ; l'égoïsme cause profonde de tout le mal, obstacle universel à tout progrès humain. Déjà dans ma vie j'ai beaucoup regardé au fond des choses pour y découvrir la racine dernière de tous nos malheurs ; j'ai beaucoup écouté le gémissement des âmes et le frémissement des cœurs pour trouver dans les accents les plus profonds de notre vie l'intelligence de toutes nos misères : et tout m'a révélé le même secret, tout m'a rendu la même réponse : *Egoïsme*. Et quand j'ai cherché une puissance capable de détruire avec l'égoïsme humain la cause de toutes nos décadences, tout m'a répondu : *Amour de Jésus-Christ*.

I

Quand on pénètre de couche en couche ces misères que l'humanité cache en ces profondeurs, même sous ses plus brillantes surfaces, on arrive toujours par quelque endroit que l'on creuse, à toucher ce mal central qui est l'origine première et la cause universelle de tous les autres : l'égoïsme. Amour désordonné du moi, amour de soi jusqu'à la haine des autres, l'égoïsme est le principe qui désorganise, le principe qui divise, le principe qui blesse, le principe qui déshonore, le principe qui abaisse, le principe qui détruit, le principe qui tue : c'est en un mot, le désordre universel. L'égoïsme est, par son essence, désorganisation et destruction ; il est la décadence même.

D'où vient dans l'égoïsme cette puissance perturbatrice ? C'est qu'il est l'ennemi de l'ordre ; et pourquoi est-il ennemi de l'ordre ? parce que, poussant chaque individu à se faire centre et centre principal, il brise l'harmonie des êtres, qui n'existe et ne se soutient que par l'unité du centre.

Figurez-vous, Messieurs, ce qui arriverait dans le monde sidéral, si tout à coup chaque planète, douée de liberté et pouvant elle-même choisir son centre, son orbite et son mouvement, venait à dire à son soleil : « Il ne me « plaît pas de circuler autour de toi ; il y a « des siècles que je t'honore par mes mar- « ches obéissantes et mes évolutions do- « ciles : à ton tour de me choisir pour centre « et de graviter autour de moi ; à ton tour de « m'emprunter la lumière et de me demander « l'impulsion ; à ton tour de me saluer, en « traversant l'espace, de tes mouvements res- « pectueux. » En supposant que l'astre royal pût abdiquer son droit d'être centre, comment ferait-il si chaque planète, qu'il voit depuis six mille ans circuler autour de lui, venait à lui faire une demande pareille ? Comment arriverait-il à accorder, dans les champs de l'espace où Dieu lui fit sa royauté, ces prétentions contradictoires, et, si je puis le dire, ces égoïsmes du monde astronomique ? Et qu'adviendrait-il dans la création entière, si ce soleil, qui n'est sans doute lui-même que le satellite d'un autre soleil, venait à se détacher de son centre, et celui-ci d'un autre, et si la révolte s'étendait ainsi de soleil en soleil dans les profondeurs inexplorées de la création ? Que deviendrait le monde matériel, l'ordre astronomique, l'harmonie céleste ? Et à la place de ce concert des cieux qui raconte la gloire du Créateur, qu'entendriez-vous au fond des espaces, si ce n'est le cri plaintif de tous les astres blessés, se heurtant les uns contre les autres dans un désordre immense, et un chaos universel.

Transportez cette hypothèse du monde matériel dans les réalités du monde moral : voyez chaque homme, au lieu d'accepter avec sa dépendance le mouvement régulier de sa vie, aspirer dans sa sphère à devenir un régulateur; au lieu de se coordonner par rapport à son centre, occupé à se retirer sur lui-même, à attirer tout à lui, et à se faire lui-même centre; et vous comprendrez ce que peut l'égoïsme pour déconcerter le monde moral, et préparer dans un désordre suprême la décadence universelle. Il y aurait quelque joie pour l'intelligence à donner à cette pensée les illuminations qui descendent comme d'elles-mêmes des sommets de la science. Mais la vérité simple se révèle trop palpable dans la réalité qui nous touche, pour que nous demandions à la science des révélations que nous donne la nature humaine ; et quelles que soient ici les clartés que nous envoie la métaphysique, elles ne peuvent égaler pour nous la double évidence qui nous vient de ce monde qui se remue autour de nous, et de cet autre monde encore mieux connu qui vit au dedans de nous. Donc ne considérons plus l'égoïsme comme un être abstrait, prenons-le comme un être réel ; qu'il ne soit plus pour vous une tendance de la nature, qu'il pose sous vos yeux comme un homme du monde, pris à quelque degré de la hiérarchie humaine qu'il vous plaira de le chercher ; et vous allez mieux comprendre que vous êtes face à face avec le mal, avec le désordre, avec la dégradation. Parcourez rapidement avec moi ces types égoïstes qui posent sur la scène du monde ; si rayonnants de gloire qu'ils vous apparaissent, il ne se peut que vous ne les haïssiez. Je n'en signale que quelques-uns ; mais si je ne les montre tous, je n'en absous aucun. Je montrerai la nature humaine plutôt que des personnes. Dieu m'est témoin que rien n'est plus loin de mon cœur que de me servir de la parole pour blesser un seul homme. A vous de décider si les types que je vous montre sont purement imaginaires.

Et d'abord voici l'égoïsme savant, penseur, *philosophe*. Que veut cet homme? Il veut faire un livre; pourquoi? pour éclairer le monde assis dans les ténèbres? Non; cet homme veut faire du bruit dans le monde des idées. Il veut jeter son nom aux échos de la renommée : son ambition est là tout entière. Je vais publier un livre, dit-il, et il faut qu'on en entende parler : comment faire ? Si je dis la vérité simple, la vérité commune, la vérité ancienne, mon livre tombera dans le monde comme une pierre dans le vide. Je m'y prendrai autrement : je vais heurter violemment toutes les idées reçues; je vais jeter l'insulte à tout ce que le monde vénère ; je vais prendre une idée bien étrange, bien excentrique, bien en contradiction avec le sens commun, et, frondeur intrépide, je la lancerai à la face de l'humanité contemporaine : le retentissement est inévitable. Moi, dit l'un, je vais affirmer que la propriété c'est le vol. Moi, dit un autre, je vais affirmer que Jésus-Christ n'est qu'un mythe. Moi, dit un troisième, je vais renouveler des Grecs un système qui paraîtra, aux dix-neuvième siècle, d'une nouveauté saisissante : je vais dire que la métempsychose est la loi de la vie. Dire ces choses au dix-neuvième siècle, en plein christianisme, c'est faire preuve d'audace. Le monde va s'étonner, les chrétiens vont frémir ; on en parlera, j'en suis certain ; la sensation profonde est assurée, le succès n'est pas douteux ; et déjà j'entends les échos du monde qui se renvoient mon nom. Ainsi dit, ainsi fait l'Égoïsme penseur. Érostrate de la science ou de la philosophie, pour célébrer son nom, il mettrait le feu au temple de la Vérité.

Voici l'Égoïsme *artiste*. L'Égoïsme philosophe veut qu'on achète et qu'on lise son livre ; l'Égoïsme artiste veut qu'on regarde et qu'on achète son chef-d'œuvre. Le moyen de faire regarder, c'est d'attirer les regards ; or, dit-il, ce qui attire les regards de l'humanité curieuse, de cette humanité sensuelle et molle dont je connais les passions, ce sont les choses qu'elle trouve charmantes, tout en les déclarant honteuses. Bravons la pudeur, nous sommes sûr que le chef-d'œuvre ne passera pas sans être vu ; même les vierges pudiques, à travers leur voile discret, en voudront voir quelque chose. Des chastetés s'en effrayeront, et les prédicateurs crieront au scandale ; soit, j'aime mieux le scandale que le silence. Mon tableau est indécent, ma statue est voluptueuse : l'humanité en masse regardera ; j'en ai pour garants le penchant de la nature et la moralité du siècle. Le sublime et l'idéal ne parlent qu'à quelques-uns ; le réel et le grossier parlent à tous. A peindre le nu tout mon génie se déploie, et à le regarder la multitude s'empresse. Quoi qu'il en advienne, il faut que mon nom retentisse et que mon tableau se vende. Ainsi l'art, avec son vol sublime et ses ailes de séraphin, retombe là ; il s'abat dans l'impureté en se vouant à l'égoïsme.

Voici l'Égoïsme *littérateur :* que veut-il ? de l'or ; que cherche-il ? de l'or. La littérature est pour lui comme une autre Californie. Il ne fait pas de chef-d'œuvre ; on y dépense trop de forces, et on y amasse trop peu d'or. Il fait du commerce littéraire, de l'agiotage littéraire, du mercantilisme littéraire. Quel spectacle honteux ! Regardez autour de vous ces Égoïsmes lettrés qui écrivent, écrivent, écrivent, l'un le feuilleton, un autre le roman, un autre le drame, un autre la chronique, un autre ses souvenirs, un autre ses impressions, un autre ses rêves, un autre ses voyages, un autre ses mémoires, son histoire, sa vie, lui-même enfin. Car quel plaisir plus envié par l'auteur égoïste que de s'écrire soi-même? Que cherchent cette prose et ces vers, ces feuilles précieuses et ces livres intéressants ? La mine d'or de la littérature contemporaine. Vous croyez que ces grands hommes suivent la lumière de l'idée, l'inspiration du génie, l'impulsion du cœur, l'ardeur de la verve, et ce qu'ils nomment glorieusement des entraînements irrésistibles? O simplicité! Regardez derrière eux : le financier est là ; voilà le dieu inspirateur. Il dit au lettré qui tient la plume et le talent dociles au commandement : Écrivez ceci, et ils l'écrivent ; propagez ce bruit, et ils le propagent ; accréditez ce mensonge, et ils l'accréditent ; démolissez cette réputation, et ils la démolissent ; calomniez cette institution, et ils la calomnient ; produisez en trois mois dix volumes, et ils les produisent ; recevez cent mille francs, et ils les reçoivent. O dégradation ! Sous le règne de l'égoïsme littéraire, la littérature à son tour est tombée dans le trafic. Dans l'homme de lettres, je ne vois plus qu'un homme d'affaires ; et dans l'homme de l'art, l'homme de la spéculation : le talent de réaliser le beau devient l'habileté à réaliser le profit ; et le ministère d'écrire descend au métier de faire de l'or. Tel est l'égoïsme littérateur : il amasse l'or en propageant le mensonge ; il recueille la richesse en répandant la corruption, et l'immoralité est sa fortune.

Voici l'Égoïsme *industriel*, écoutez-le parler et regardez-le faire. « J'ai un capital qui représente un million : étant donné mille ouvriers travaillant tous les jours et quinze heures par jour, voici le produit exact et voici le profit net. » Et cet homme dit à ses travailleurs : « Vous travaillerez sept jours par semaine. — Pourquoi sept jours ? — Parce que sept jours produisent plus que six jours. — Mais nos corps s'y exténueront. — Moi je m'y enrichirai. — Il nous faut du temps à donner à nos enfants. — Je ne suis pas chargé du soin de vos enfants. — Nous avons un Dieu à servir. — Que Dieu s'arrange, je ne m'occupe pas de Dieu. — Nous avons une âme à sauver. — J'ai ma fortune à faire. — Nous sommes des hommes avant d'être des ouvriers. — Soyez hommes du mieux que vous pourrez ; il me faut des ouvriers pour mon industrie et des bras pour mes machines. » Tel est l'industriel égoïste, c'est-à dire, presque toujours, l'industriel sans christianisme et sans pratique religieuse ; sa cupidité exploite le peuple ; elle extermine les corps ; elle pervertit les âmes. Pour lui comme pour le païen possesseur d'esclaves, l'ouvrier n'est pas un homme, c'est une chose ; ce n'est pas un être moral ayant une destinée, c'est une machine vivante fonctionnant pour une fortune.

Qu'on ne m'accuse pas de pousser à la révolte l'ouvrier contre le maître ; je dis la vérité à tous ; et après vous avoir montré l'Égoïsme industriel, je vous montre l'Égoïsme *ouvrier*. Instruit aux enseignements de l'économie matérialiste, il fait de cette formule abrutissante l'unique loi de sa vie : *travailler pour jouir*. Là est son ambition, jouir soi-même de tout le fruit de son travail ; en jouir le plus tôt et le mieux qu'il lui sera possible. Cet homme gagne dix francs par jour, peut-être quinze. Que lui reste-il au bout d'une année ? Rien. Ce qu'il gagne en cinq jours il le dépense en deux jours. Il a des enfants, que lui importe ? Mon père, dit-il, ne m'a rien laissé ; il a joui de son travail; je fais comme mon père; mes enfants feront comme moi-même. Cet homme a cinquante ans. Depuis trente ans il a pu gagner dix francs par jour et il n'est pas propriétaire ; il trouve ce phénomène étrange : le prodige serait qu'il le fût. Il maudit la propriété; il est révolutionnaire ; l'ordre social n'est à ses yeux qu'une tyrannie organisée. Il devient malade : l'hospice est son dernier asile, et la charité le recueille en ses bras : il n'est pas reconnaissant ; il trouve que cette charité n'est que justice, et les hommes dévoués qui se mettent à son service ne sont que des débiteurs qui acquittent une partie de ce qu'il estime son droit.

Voulez-vous voir l'égoïsme dans la famille ? Regardez l'Égoïsme *père :* quel père ! un père qui n'aime pas, un père qui ne compatit pas, un père qui ne se dévoue pas, un père qui ne protége pas, un père qui ne connaît plus rien de sa paternité, rien si ce n'est des droits qu'il exagère et une puissance dont il abuse. Il dévore la dot, il disperse l'héritage, il ravage sa maison. La terreur de sa femme, le malheur de ses enfants, fléau de tous, il n'est pas un père au milieu de sa famille, il est un despote au milieu de ses esclaves ; toute sa paternité tourne à la tyrannie. Je pourrais vous dire : Regardez l'Égoïsme *mère*, il existe aussi : je le passe, car je parle pour les hommes. Entre cet Égoïsme père et cet Égoïsme mère, voyez l'Égoïsme *enfant :* quel enfant? Celui que je vous ai montré, l'enfant prodigue, l'enfant qui se révolte contre la paternité, et fait à son père et à sa mère des sommations insolentes ; l'enfant qui fuit, pour jouir de lui-même, la paternelle autorité et la maternelle tendresse ; l'enfant qui disperse avec tout son héritage tous les trésors de la vie; l'enfant qui tombe des bras de sa mère et de la joie de l'obéissance dans l'opprobre de la volupté et dans les hontes de la servitude. Voilà l'égoïsme dans la famille.

Et maintenant si vous vouliez le voir dans

l'ordre social, et si vous vouliez savoir ce qu'il fait pour la société, je vous dirais : Voyez à l'œuvre et l'Égoïsme fonctionnaire et l'Égoïsme soldat, et l'Égoïsme homme d'État et l'Égoïsme sujet.

L'Égoïsme *fonctionnaire*, s'inspirant non de son devoir, mais de sa passion ; demandant le sacrifice de la vertu en échange du service dû par la fonction ; laissant immoler le droit à la faveur, plutôt que d'immoler son intérêt sur l'autel du droit ; étouffant le mérite modeste et poussant aux honneurs la médiocrité intrigante ; opprimant l'innocence et vendant ses faveurs ; en un mot, immolant la justice à son propre intérêt, au lieu de s'immoler lui-même au triomphe de la justice.

L'Égoïsme *soldat*, qui fait marcher sa gloire avant le salut de la patrie ; qui cherche comme but suprême un poste où l'on est vu de loin, et où l'on pose en héros aux regards de l'Europe. Capitaine envieux, il jalouse son chef ; il contrarie ses plans pour l'empêcher de vaincre, et fait perdre une bataille qui doit glorifier son pays, plutôt que d'assurer un triomphe qui doit exalter son rival. Soldat, brisez votre épée, et allez cacher votre honte aux regards de la patrie. Un soldat est un dévoué ; allez, vous n'êtes qu'un égoïste !

L'Égoïste *homme d'État* : que pourra-t-il être, à quelque degré de la puissance que la Providence l'ait placé, si ce n'est la tyrannie ? L'homme d'État, tel qu'il doit être, c'est le droit et le dévouement armés de la puissance pour faire régner dans les peuples la justice et l'amour. L'Égoïsme homme d'État est exactement le contraire : il n'est ni le règne de l'amour, ni le règne de la justice ; il n'est que la force armée pour l'oppression. La tyrannie, dans sa notion même, n'est que l'Égoïsme de la puissance. Si la puissance est subalterne, c'est une tyrannie subalterne, si la puissance est souveraine, c'est la tyrannie au sommet.

L'Égoïsme homme d'État est la tyrannie ; l'Égoïsme *sujet* est nécessairement la révolte ; révolte qui murmure sourdement ou qui éclate au grand jour. Le gouvernement, quel qu'il soit, ne le contentera pas ; car tout gouvernement demande dans une mesure l'abdication du moi ; et l'Égoïsme, c'est le moi qui ne veut rien abdiquer et qui veut tout avoir. Pour le réconcilier avec le gouvernement consulaire, royal ou impérial, il n'y a qu'un moyen, le faire lui-même, à quelque degré, gouvernement ; quand il aura la main au gouvernail des peuples ; quand il sera, lui aussi, puissance administrative, législative ou exécutive, gouvernement enfin : alors il trouvera que le gouvernement a du bon, par la souveraine raison que le gouvernement c'est lui-même. Hors de là, vous ne trouverez en lui qu'un mécontent, un ennemi, un révolté.

Ainsi, vous le voyez, partout et en tout, l'Égoïsme apparaît ce que nous l'avons nommé, un perturbateur universel : il est la première cause de tout désordre, et le premier germe de toute décadence dans les hommes, les familles et les sociétés. L'Égoïsme, à quoi le comparerai-je, Messieurs, pour vous le peindre sous ses vraies couleurs et le rendre digne de vos haines ? L'Égoïsme est comme l'araignée qui tire de ses entrailles sa toile artistement arrangée, pour prendre au passage l'insecte engagé dans l'étroit défilé où elle étend pour le saisir ses tissus perfides et ses bras assassins. L'Égoïsme est comme le tigre qui vit de ce qu'il enlève, et qui ne sort de sa tanière que pour y rapporter sa proie et la dévorer tout seul. L'Égoïsme ! ah ! rien ne le peint mieux que ce monstre dont parlent les poëtes, monstre informe et affreux à voir, qui saisissait de ses mains de géant des hommes tout vivants, et, les entraînant dans sa caverne, broyait leurs os et dévorait leurs chairs, pour s'en faire dans l'ombre un solitaire festin.

L'Égoïsme ! ah ! je ne puis le peindre ; mais que je voudrais vous faire comprendre combien je le hais ! La haine, je croyais l'ignorer ; mais je me suis surpris portant au cœur la seule haine que je me connaisse, la haine de l'égoïsme : là est, j'ose le dire, *l'unique objet de mes ressentiments*. Je ne sais d'où me vient cette émotion qui prend possession de moi ; mais au mouvement qui soulève mon cœur et envahit toute mon âme, je sens que ce mal de l'Égoïsme, je le hais d'une indicible haine. Et parce que c'est le besoin de toute haine d'anéantir ce qu'elle poursuit, ah ! je voudrais, armé du glaive de l'amour, pouvoir m'en aller partout exterminer cet affreux ennemi du genre humain. Je le vois qui flétrit, déshonore et dégrade tout : la science, la littérature, l'art, l'industrie, l'économie, la politique, et jusqu'à la religion même ; je le vois, monstre cupide et cruel, qui se fait un bonheur de toutes les misères, un trésor de tous les appauvrissements ; je le vois qui s'enivre des larmes des malheureux, et boit dans des coupes d'or le sang de ses victimes. Et comme autrefois les saints émus des gémissements lointains de la chrétienté, captive de la barbarie, criaient de toutes leurs forces : *Au secours, au secours des chrétiens !* en entendant près de moi et autour de moi la chrétienté victime d'une autre brutalité et d'une autre barbarie, la brutalité et la barbarie de l'Égoïsme, je sens mon âme se soulever et mes entrailles s'émouvoir au bruit de ces fraternels gémissements qui viennent frapper mon cœur. Et à vous qui avez gardé contre toute barbarie, de quelque nom qu'elle se nomme et de quelque vêtement qu'elle se couvre, la haine généreuse de nos ancêtres, j'éprouve le besoin de crier : Marchez ensemble à la défaite de ce barbare qui arrête le Progrès du monde et tient nos frères captifs ; marchons comme un seul homme à la destruction de l'Égoïsme !

Mais qui aura la puissance de vaincre l'Égoïsme ? Là est la grande question, et c'est, à vrai dire, la question capitale du sujet que je traite. Où est la philosophie humaine qui a un secret pour tuer l'Égoïsme ? Où sont les sages qui se sentent assez forts pour se mesurer avec cet ennemi, le vaincre et l'anéantir ? O sages du monde, j'entends la leçon de votre humaine sagesse, et je prends en pitié avec votre impuissance le malheur de cette humanité que vous ne pouvez secourir.

Vous dites : Il faut vaincre l'Égoïsme, la raison le demande, parce que l'ordre l'exige.— Qui me prouvera, dit l'Égoïsme, que je dois immoler mon bonheur particulier à l'harmonie générale ? — Ton bonheur même dépend de cette harmonie, dit la Sagesse humaine. — Peut-être ! reprend l'Égoïsme ; mais dans la question de mon bonheur, quel autre juge plus compétent et plus infaillible que moi-même ? — Il faut, dit la Sagesse, de la modération en tout, même dans la jouissance. — Mais, dit l'Égoïsme, la modération n'est pas dans ma nature ; je suis un être essentiellement immodéré, et ma mesure de jouir, c'est de jouir sans mesure. Votre modération philosophique n'a pas empêché le sensualisme d'Épicure, elle n'empêche pas encore le sensualisme des sages qui me donnent ces sublimes leçons ; et vous me demandez à moi de modérer mes désirs et de sacrifier mon intérêt à cette divinité que vous nommez magnifiquement l'harmonie universelle ? — Si tu veux ne servir que ton intérêt, j'y consens, dit la Sagesse humaine ; mais au moins faut-il que ce soit ton intérêt bien entendu. — Qu'est-ce que mon intérêt bien entendu ? et prétendez-vous, ô grands hommes, entendre mieux mon intérêt que moi-même ? Si mon intérêt bien entendu était de m'asseoir avec vous au banquet de votre richesse ; si mon intérêt bien entendu était de vous chasser de votre maison et de vos académies ; ô philosophes, êtes-vous prêts à bien entendre avec moi mon intérêt, et, s'il le faut, pour mon bonheur à sacrifier le vôtre ? — Non pas, reprennent ces hommes trop sages peur suivre jusqu'au bout les conseils de leur sagesse : l'intérêt bien entendu sera toujours de mettre la vertu au-dessus de l'ordre matériel. L'utile a des degrés hiérarchiques : il y a l'utile du corps et l'utile de l'âme; il y a l'utile inférieur et l'utile supérieur. — Quoi qu'il en soit, reprend l'Égoïsme, plus conséquent ici que la philosophie, l'utile demeure la seule règle souveraine, l'utile demeure l'unique roi du monde : c'est lui qui dirige, lui qui juge, lui qui gouverne, lui qui décide de tout; lui qui doit se mesurer avec moi-même, pour me vaincre, me terrasser, et partout et en tout se substituer à moi. Eh bien, je vous le déclare, ô sages de la terre : j'ai fait mes preuves : je suis plus fort que l'utile; et dans cette bataille séculaire où, depuis six mille ans, nous luttons corps à corps, je suis partout demeuré le maître; et la philosophie qui donne l'utile pour mon vainqueur n'aboutit qu'à m'exalter par ses défaites et à me couronner de ses mains.

En effet, Messieurs, c'est là que nous avons vu, même de nos jours, aboutir la philosophie impuissante à triompher de l'Égoïsme. Ne pouvant le vaincre, elle a pris le parti de le glorifier; ne pouvant le détruire, elle s'est vue réduite à le légitimer, et n'osant plus le flétrir, elle s'est prise à le sanctifier, et, comme je viens de le dire, à *le couronner : Mentita est iniquitas sibi.* Les prédicateurs fanatiques de la fraternité ont abouti là, à la sanctification, à la glorification, je pourrais presque dire à l'apothéose de l'Égoïsme. Mais passons : ne demandons pas à la sagesse humaine ce qu'elle ne peut donner. Laissons-la de ses doctrines, soi-disant fraternelles sanctifier l'Égoïsme, qui tue toute fraternité; laissons-la de ses mains soi-disant évangéliques couronner l'Égoïsme que proscrit l'Évangile. Nous, après avoir proclamé sa honte et attaché à son front des stigmates d'opprobre, appelons le Dieu de l'amour, seul capable de le vaincre au fond du cœur humain. Philosophes, retirez-vous; laissez passer Jésus-Christ; lui seul est le Dieu du Progrès, parce que lui seul est le vainqueur de l'Égoïsme.

II

A quoi tient surtout l'impuissance des philosophies humaines pour détruire dans l'humanité cet obstacle central au progrès humain? Je pourrais répondre : A l'erreur que renferment d'ordinaire ces philosophies ; il n'appartient qu'à la verité d'exterminer l'Égoïsme et d'inaugurer dans l'humanité le règne de l'amour. Mais il y a de cette impuissance une raison plus radicale encore et plus acceptable de tous : c'est qu'une doctrine comme simple doctrine, fût-elle même la meilleure, ne peut donner la force de vaincre l'Égoïsme. Une doctrine, alors qu'elle est vraie, n'est qu'une lumière, elle n'est pas un mouvement : elle est un flambeau qui montre où doit marcher la vie, elle n'est pas une puissance qui entraîne la vie et l'emporte dans sa route. Or, pour vaincre l'Égoïsme dans l'homme, il faut plus qu'une lumière, il faut un mouvement, et un mouvement contradictoire à celui de l'Égoïsme. L'Égoïsme est le mouvement de la vie qui revient sur elle-même ; c'st la vie qui se retire et se ramasse en son centre particulier, pour de là tout attirer à elle. Il faut, pour le vaincre, le mouvement de la vie qui sort d'elle-même, de la vie qui se répand au dehors et se donne à qui a besoin de ce don fraternel. Or, vous ne pouvez l'ignorer, ce n'est pas là une médiocre entreprise. Il s'agit, si je puis le dire, d'assiéger l'Égoïsme derrière tous les retranchements qu'il se fait le jour et la nuit au fond du cœur humain ; et pour l'atteindre là, pour l'y prendre d'assaut, il faut être encore plus fort et plus dévoué que les vainqueurs de Malakoff ; car il faut que l'homme lui-même, à la fois le héros qui doit triompher et l'ennemi qu'il veut vaincre, accepte une bataille où il doit être vaincu en même temps que vainqueur ; il faut qu'il consente à une immolation où le moi se trouve, sous le coup de l'amour, sacrificateur et victime.

J'ai dit sous le coup de l'amour ; et ce n'est pas sans dessein ; car cet ennemi est tel, qu'il n'y a vraiment que l'amour pour le vaincre. L'amour est à l'Égoïsme ce mouvement contradictoire dont nous venons de parler. L'homme par l'Égoïsme rentre en lui-même pour se donner à lui-même ; l'homme par l'amour sort de lui-même pour se donner à un autre : par l'Égoïsme l'homme veut se faire centre pour attirer à lui ; par l'amour l'homme cherche le centre hors de lui, et tend vers ce centre qui l'attire. Donc, rien n'est plus certain, le seul conquérant qui puisse dompter l'Égoïsme, et le détruire au fond du cœur humain, c'est l'amour ; mais l'amour vrai, l'amour généreux, sans autre force et sans autre armure que lui-même. L'amour vrai ; oui, car il y a un amour qui n'en a que le nom ; amour masqué qui n'est, sous son masque, qu'un égoïsme déguisé ; amour faux où l'homme se cherche et se retrouve, pour jouir encore de lui-même dans le don qu'il fait à un autre ; amour complice de la concupiscence, la concupiscence elle-même, qui produit avec l'Égoïsme des fruits de corruption. Loin d'ici ces amours que le monde lui-même déshonore assez en les nommant des égoïsmes portant le nom d'amour. Je veux, pour vaincre l'Égoïsme, un amour qui n'ait avec lui rien de commun ; un amour qui soit son ennemi irréconciliable et son antagoniste naturel ; un amour incompatible avec l'Égoïsme comme la lumière est incompatible avec les ténèbres ; un amour qui fasse disparaître et s'échapper l'Égoïsme du cœur humain, comme la glace se fond et disparaît sous le rayonnement du soleil ; un amour dont tous les flots de la tribulation ne puissent éteindre la flamme, dont toutes les terreurs de la mort ne puissent briser l'énergie ; un amour enfin qui soit plus fort que l'homme, puisque, dans ce duel prodigieux, l'homme est appelé à se vaincre lui-même. En un mot, il faut, pour la défaite de l'Égoïsme au cœur de l'homme, la présence et l'intervention d'un amour divin.

O amour de Jésus-Christ, amour de Dieu régnant dans l'homme, ceignez votre glaive et déployez votre puissance : *Accingere gladio tuo super femur tuum, potentissime.* Prenez votre essor, avancez dans votre carrière, de triomphe en triomphe, et régnez : *Intende, prospere procede, et regna.* Marchez seul dans la plénitude de votre force, car vous n'avez pas besoin d'auxiliaire ; votre main droite seule suffit à vous secourir ; armée de votre irrésistible puissance, elle ouvrira devant vous, dans des prodiges de victoires, un chemin triomphal : *Deducet te mirabiliter dextera tua.* Vos flèches sont aiguës, vos flèches sont ardentes, elles entreront jusqu'au cœur de vos ennemis : *In corda inimicorum regis ;* là, elles tueront cet ennemi de votre royauté, l'ennemi aussi de toute humanité qui vous cherche pour monter avec vous sur la voie du progrès, l'Égoïsme. Là, au fond du cœur humain, vous vous ferez un trône qui demeurera de siècle en siècle : *Sedes tua in sæculum sæculi* : et de là, étendant votre sceptre devenu souverain, vous gouvernerez les cœurs arrachés par la victoire de l'amour au règne de l'Égoïsme : *Virga directionis, virga regni tui* (1). Tous les peuples, témoins émus et reconnaissants de son triomphe qui les sauve à jamais, rendront gloire à la puissance de votre amour : *Propterea populi confitebuntur tibi in æternum;* ils diront : Le Christ a vaincu, le Christ règne, le Christ commande : *Christus vicit, Christus regnat, Christus imperat;* il a vaincu par l'amour, il règne par l'amour, il commande par l'amour ; le progrès peut marcher : la barrière qui l'arrêtait au plus profond du cœur humain est tombée sous le coup de l'amour de Jésus-Christ ; le moi n'existe plus ; l'Égoïsme est vaincu. En vous disant ces mots, Messieurs, ai-je fait entendre seulement les accents du Prophète ? Non, j'ai fait entendre aussi la grande voix des choses ; et, dans l'accomplis-

(1) Ps. XLIV.

sement de cette merveille montrée d'avance aux siècles à venir, l'histoire a surpassé la prophétie.

Voici en effet le plus grand miracle accompli par l'amour de Jésus-Christ, la défaite de l'Égoïsme dans les cœurs dont il s'est emparé. Jésus-Christ avait osé fonder la restauration du monde sur cette parole inouïe : *Abnega temetipsum*. C'était demander à l'homme ce que l'homme seul ne pouvait accomplir, c'était lui demander en lui-même avec la mort du moi l'extermination de l'Égoïsme. Mais il comptait, pour l'obtenir, sur la puissance de son amour; il savait que son cœur pouvait tout vaincre, et que même l'Égoïsme ne lui résisterait pas. C'est ce qui est arrivé; l'amour de Jésus-Christ, en prenant possession des cœurs, y a exterminé le moi, ou du moins il a fait que les saints ont parlé et qu'ils ont agi comme si ce moi n'existait plus. Écoutez cet amour de Jésus-Christ attestant lui-même son règne au fond du cœur humain, et avec ce règne la défaite de l'Égoïsme vaincu : « Je vis; mais non, ce n'est pas moi qui vis, c'est Jésus-Christ qui vit en moi. » *Vivo autem, jam non ego, vivit vero in me Christus* (1). Jamais rien de pareil n'avait été dit ; et il est impossible que le cœur humain laisse échapper un cri qui atteste mieux, dans le triomphe de l'amour de Jésus-Christ, la défaite du moi et la mort de l'Égoïsme : *Vivo, jam non ego* .... Le moi n'existe plus, il n'y a plus de moi, ou s'il existe encore, il est absorbé dans l'amour qui a pris possession de tout. Le moi ne règne plus, le moi ne gouverne plus, le moi ne commande plus : *Jam non ego :* il n'y a plus dans mon être, pour tout gouverner, tout diriger, tout entraîner, que Jésus-Christ, Jésus-Christ encore, Jésus-Christ toujours : Jésus-Christ qui est mon impulsion, Jésus-Christ qui est mon terme, Jésus-Christ qui est ma route, Jésus-Christ qui est ma vie : *Mihi vivere Christus est* (2) ; Jésus-Christ toute ma pensée, Jésus-Christ tout mon amour, Jésus-Christ toute ma volonté, toute ma puissance et toute ma souveraineté ; Jésus-Christ qui est tout dans tous les chrétiens comme il est tout en moi : *Omnia et in omnibus Chri-*

(1) Gal., II, 20.
(2) Philipp., I, 21.

stus (1). Périsse tout mon être, s'il y a en moi une fibre que fasse vibrer un autre nom que son nom ; meure toute ma vie, s'il y a dans cette vie un mouvement dont Jésus-Christ ne soit pas le principe, le but et la règle ! Périsse mon intelligence, si j'ai une pensée contre sa pensée ! Périsse mon cœur, s'il garde une affection qui ne cherche son amour avant tout autre amour ! Périssent toutes mes puissances, et que je sois condamné à une stérilité éternelle, si je fais une action qui ne soit pour sa gloire !

Tel est le cri du cœur, devenu le trône vivant où Jésus-Christ fait régner son amour. Dans ce cœur où cet amour s'est fait ce règne absolu, que reste-t-il pour le moi ? rien. Que reste-t-il pour la pensée propre ? rien. Que reste-t-il pour l'amour de soi ? rien. Que reste-t-il pour la souveraineté individuelle, intéressée, personnelle ? rien. Le moi à la lettre s'est chassé de partout ; et de partout l'Égoïsme s'est enfui pour faire place à l'amour. Tout est transformé.

Jésus-Christ régnant dans l'homme sub-

(1) Col., III, 11.

stitue sa pensée divine à la pensée humaine : il produit la foi au Verbe divin qui est lui-même ; l'Égoïsme de l'intelligence n'existe plus. L'homme, hier encore, disait en se posant en superbe dans l'empire de la science : « Mon idée, mon opinion, mon système. » Il dit aujourd'hui : « Je crois à Jésus-Christ : ma pensée, c'est sa pensée ; ma parole, c'est l'écho de sa voix ; il est la vérité, toute la vérité ; et c'est la joie de mon intelligence de se perdre et de s'évanouir elle-même dans les splendeurs du Verbe. »

Jésus-Christ régnant dans l'homme substitue son amour divin à tout l'amour du cœur humain. Le cœur est le foyer des passions, et les passions sont égoïstes : elles ne sortent d'elles-mêmes que pour attirer à elles. Leur expansion la plus désintéressée n'est qu'un moyen de bonheur égoïste : elles ne donnent que pour avoir, et plus souvent encore elles prennent sans rien donner. Toutes ces aspirations viles d'un cœur que l'amour n'a pas ouvert se résument dans un mot : jouir ; et pour jouir, que fait le cœur? Il se répand sur les sens et la chair avec ses trésors d'affections, comme un vase renversé épanche sur la terre et souille dans la boue sa liqueur précieuse. Jésus-Christ change tout ce mouvement égoïste. Il fait remonter le cœur en l'unissant au sien, et il lui donne, en le touchant, une expansion libérale; et c'est la joie de ce cœur de sortir de lui-même, et de se faire une félicité de tous les dons de son amour, et de toutes les effusions de sa vie.

Enfin Jésus-Christ régnant dans l'homme substitue sa souveraineté divine à la souveraineté humaine. L'homme, sous l'inspiration de l'Égoïsme, tend de toute manière à se poser en souverain. Jésus-Christ retourne l'ambition humaine de haut en bas, et, entraînant sur ses pas l'homme séduit par son amour, il le fait serviteur; il lui dit : Regarde : moi Dieu, je suis esclave : toi homme, craindras-tu de servir? Et l'homme, de souverain qu'il s'estimait, se fait serviteur; c'est la joie et tout ensemble le triomphe de sa volonté transfigurée par l'amour, d'abdiquer pour servir sa souveraineté personnelle.

Ainsi l'Égoïsme est assiégé et emporté de toute manière. L'amour de Jésus-Christ régnant dans l'homme réalise en lui cette parole de Fénelon, qu'on peut donner comme la plus belle formule du progrès : *Sortir de soi pour entrer dans l'infini de Dieu*. L'homme abdiquant sa pensée sort de lui-même pour entrer dans l'infini de la vérité divine. L'homme abdiquant son cœur sort de lui-même pour entrer dans l'infini de l'amour divin. L'homme abdiquant sa volonté sort de lui-même pour entrer dans l'infini de la souveraineté divine. L'homme enfin abdiquant toute sa vie, et se perdant tout entier dans la vie de Jésus-Christ, sort de lui-même pour entrer, avec son vainqueur, dans l'infini de la vie de Dieu. L'homme, si je puis le dire, est hors de lui : rien ne le rattache plus à lui-même pour lui-même. L'amour a coupé une à une si ce n'est toutes ensemble, ces racines profondes qui retenaient toutes les puissances de l'homme captives autour du centre personnel ; il a coupé la racine de l'orgueil, et la racine de la cupidité, et la racine du sensualisme, toutes ces racines de la concupiscence qui soutiennent et font croître dans l'humanité l'arbre de l'Égoïsme : l'arbre est tombé et avec lui ses rameaux brisés et ses fruits pulvérisés. Et à sa place un autre arbre fut planté au cœur humain, dans le sang de Jésus-Christ, l'arbre divin de l'amour, qui porte les fruits d'or cherchés par nos désirs, et dont les rameaux toujours jeunes, pleins d'une séve qui ne sait pas tarir, étendent dans les espaces et les siècles avec les progrès du christianisme tous les vrais progrès de l'humanité.

De la défaite de l'Égoïsme par l'amour de Jésus-Christ date en effet dans le monde l'ère nouvelle du progrès par le christianisme. Grâce à ce triomphe de l'amour de Jésus-Christ, je vois naître et se dérouler devant moi l'ordre magnifique de nos siècles nouveaux, salué par le pressentiment d'un poëte profane ; et je vous demande la permission de redire ces paroles qu'on croirait d'un prophète, et où l'on sent passer comme un souffle de Dieu :

Magnus ab integro sæclorum nascitur ordo (1).

Messieurs, vous ne serez pas étonnés que je

(1) Virgile.

ne ferme pas encore devant vous la carrière que ce sujet nous a ouverte, puisque c'est à partir de ce point vraiment central que tous les progrès chrétiens vont s'épanouir par l'amour de Jésus-Christ et par l'abnégation de soi-même, dans leur multiplicité féconde et leur unité radieuse. Oui, c'est ici qu'à partir de l'amour de Jésus-Christ régnant dans l'humanité, le progrès chrétien ouvre sur les ruines de l'Égoïsme humain sa marche triomphale.

Magnus ab intrego sæclorum nascitur ordo! Ici commence une *science* nouvelle ; la science désintéressée où l'Égoïsme intellectuel disparaît tout entier, et où l'intelligence s'agrandit en s'illuminant au pur rayonnement du Verbe en substance et de la lumière increéée. Le vrai, pour entrer dans les âmes, leur demande avant tout ce que l'amour de Jésus-Christ a pu seul leur donner, l'abnégation du moi. L'homme égoïste se cherche lui-même plus que la vérité. Il fait des systèmes et des philosophies, au centre desquels le moi se pose et dit: « Voici mon système ; je n'en sortirai plus. » Au contraire, l'homme dont l'égoïsme fut vaincu par l'amour tient de son abnégation la passion généreuse de la vérité aimée pour elle-même. Toujours prêt à sacrifier son système à la vérité, jamais la vérité à son système, il en reçoit des illuminations d'autant plus vastes, qu'il a pour elle des admirations plus libérales, et lui voue un culte plus désintéressé de tout ce qui n'est pas elle-même.

Magnus ab integro sæclorum nascitur ordo! Ici commence un *art* nouveau; l'art généreux comme l'amour et désintéressé comme le dévouement; l'art qui n'a toute sa grandeur et toute sa puissance que quand le désintéressement s'y montre avec le génie. Plus l'artiste est sorti de lui-même, plus il va chercher près de Dieu la beauté qu'il veut peindre ou l'harmonie qu'il veut redire. Aussi, quand un grand maître arrive-t-il à ses créations les plus sublimes? quand il lui est donné de s'oublier. Oui, lorsqu'enlevé hors de lui par l'enthousiasme spontané de la beauté véritable, il lui a été donné de s'oublier une minute; alors dans ce rapide moment où il n'était plus en lui, mais hors de lui, il a vu briller comme l'éclair une face de l'infini : alors il a enlevé les âmes captives de son génie dans les régions de l'idéal ; ravi et ravissant tout à la fois, il a été sublime! car le sublime, c'est l'homme hors de lui-même, l'homme porté plus haut que sa sphère, et enlevant avec lui les âmes vers les perspectives de l'infini ; d'autant plus haut dans son vol et d'autant plus puissant dans ses œuvres qu'il échappe mieux par son abnégation aux entraves de l'Égoïsme et à la prison du moi.

Magnus ab integro sæclorum nascitur ordo! Ici, à la défaite de l'Égoïsme, commence pour le monde un ordre matériel nouveau et meilleur que l'ancien. L'Égoïsme n'est plus là pour attirer à lui et dévorer comme une proie, à mesure qu'ils se multiplient, les produits de l'humaine industrie. Il n'est plus là pour inspirer aux possesseurs des capitaux et des instruments du travail des desseins forcenés et des entreprises inhumaines où la fortune des grands multiplie par sa prospérité la misère des petits. Il n'est plus là pour briser dans l'ordre matériel les vrais rapports des choses, et faire sortir les plaintes les plus lugubres du sein des sociétés matériellement les plus prospères; et l'avenir nous révélera un jour ce que Jésus-Christ a fait même pour le vrai progrès matériel des nations, en absorbant l'Égoïsme dans le triomphe de son amour.

Magnus ab integro sæclorum nascitur ordo! Ici commence une *société* nouvelle, telle qu'on n'en vit jamais sur la terre : le dévouement y apparaît au sommet, et l'exercice de la puissance y est à la lettre ce qu'elle devrait être partout, un ministère d'amour. La révolte n'est plus en bas, parce que le sujet ayant abdiqué dans l'amour de Jésus-Christ la passion immodérée de sa souveraineté, consent à obéir et n'aspire plus à régner. Là, les rois sont des pères, les sujets des enfants, la société une famille. La liberté s'y accorde avec l'autorité, la hiérarchie avec l'égalité, et la paternité y engendre dans la joie le bonheur de la fraternité. L'Égoïsme a disparu : avec lui la tyrannie s'enfuit, la révolte cesse, et le démon des révolutions rentre dans les enfers.

Est-ce tout, Messieurs? Vous ai-je assez montré, avec tous les progrès qu'elle fait lever sur le monde, cette aurore des siècles nouveaux? Non, j'oubliais de vous montrer le plus magnifique progrès sorti des ruines de l'Égoïsme : le progrès dans la bienfaisance chrétienne, le progrès dans le dévouement. Que pouvait-il sortir du triomphe de l'amour et de la défaite de l'Égoïsme, si ce n'est le dévouement ? Quand l'homme a cessé de se donner à lui-même, quel autre besoin peut-il éprouver, si ce n'est le besoin de se donner aux autres, c'est-à-dire de se dévouer ? Dieu a creusé au fond du cœur humain comme un immense réservoir d'amour d'où les dévouements peuvent jaillir toujours. Mais l'Égoïsme, posé au cœur humain par le péché, était comme la pierre qui y scellait la source des dévouements, et retenait dans son fonds cette eau vive et féconde qui a besoin de se répandre. Jésus-Christ a ôté cette pierre ; et de tous les cœurs d'où l'Égoïsme s'est retiré, les dévouements vont déborder pour se répandre sur toutes les misères ; ils vont former dans l'humanité chrétienne ce fleuve vaste et profond de la charité qui, coulant à travers les siècles, ira grandissant tous les jours par les milliers d'affluents qui viendront grossir son cours. O prodige de la charité chrétienne ! ô miracle du sacrifice chrétien! deux années entières, j'ai parlé de vous, et qu'ai-je pu dire qui fût digne de vous montrer aux hommes?... Ah! dans ces dévouements que l'amour de Jésus-Christ fera sortir du cœur humain, quelle multiplicité! et dans cette prodigieuse multiplicité, quelle unité plus prodigieuse encore! multiplicité des dévouements sortant d'un même amour pour y retourner sans cesse, comme on voit tous les fleuves aller se verser dans l'abîme d'un même océan, d'où ils sont sortis par mille canaux mystérieux pour arroser la terre. Ces dévouements créés pour toutes les misères, qui les comptera! qui pourra dire, avec leur nombre, leurs divines industries? Il y en aura pour les vieillards, il y en aura pour les enfants, il y en aura pour les veuves, il y en aura pour les orphelins, il y en aura pour les sourds, il y en aura pour les muets, il y en aura pour les aveugles, il y en aura pour les paralytiques, les estropiés, les lépreux, les captifs; il y en aura pour ceux qui manquent de pain, de travail, de santé. Aussi intelligent que libéral, le dévouement chrétien visitera, pour se donner à elles, toutes les misères humaines, il découvrira toutes les douleurs, sondera toutes les blessures, devinera tous les malheurs : et il trouvera pour chaque douleur un soulagement, pour chaque blessure un remède, et pour tout malheur une consolation; il attestera enfin par les miracles du sacrifice la défaite de l'Égoïsme au fond du cœur humain : et il prouvera par la plus invincible démonstration que comme Jésus-Christ pose dans sa doctrine le fondement de tous les progrès, il leur donne par son amour leur couronnement sublime.

Dieu vous donne, Messieurs, d'être vous-mêmes, de cette vérité la démonstration vivante. Que l'amour de Jésus-Christ descende dans vos cœurs; qu'il y détruise avec l'Égoïsme la racine de tout mal : et par lui vous pourrez avoir le progrès social, le progrès économique, le progrès artistique, le progrès philosophique : tous les progrès qui commencent avec lui pour se consommer en lui (1).

(1) L'œuvre de charité qui fut l'occasion de cette Conférence supplémentaire donna lieu au R. P. Félix d'ajouter à son discours les paroles que nous reproduisons ici comme souvenir de la fondation d'une œuvre si intéressante pour tant de familles désolées. (*Note de l'Éditeur.*)

APPEL A LA CHARITÉ

EN FAVEUR

DE L'OEUVRE DES EPILEPTIQUES.

Après avoir montré comment le dévouement chrétien a fait sortir des ruines de l'égoïsme des secours pour toutes les misères, le R. P. Félix ajouta :

Je me trompe, Messieurs, une classe de malheureux, une légion de souffrants avait échappé jusqu'ici aux industries de la charité et aux inventions du dévouement chrétien: ceux qui souffrent d'un mal que l'on a bien nommé le haut mal, le mal caduc, les *épileptiques;* infortunés qu'on croirait, à les voir sous le coup du mal qui les touche et les précipite, livrés à une domination de Satan. Comment vous faire comprendre la compassion qu'appelle cette infirmité plus grande que toutes les autres et qui atteint le cœur et l'âme encore plus qu'elle ne blesse les corps?... Dirai-je que ce sont des êtres redoutés, dont l'approche seule semble inspirer à tous une secrète horreur? Dirai-je que ce sont des êtres reprouvés par les hommes, et qui sentent peser sur eux, avec la maladie qui les accable, le stigmate bien autrement douloureux de l'opinion qui les repousse et semble les flétrir? Dirai-je que ces hommes et ces femmes sortis du peuple, de la bourgeoisie ou de la noblesse, à quelque degré de la hiérarchie sociale que la Providence les ait placés, sont au milieu de nous comme les parias de la civilisation européenne ; comme des lépreux au dix-neuvième siècle, qui ont vu fuir d'eux jusqu'ici même les plus dévoués? Ah! si je tenais un pareil discours, trop justifié pourtant par la réalité, vous pourriez croire que, pour exciter envers ces malheureux une compassion méritée, j'ai recours à des rapprochements dont la vérité ne se découvre pas assez à vos intelligences pour arriver à remuer vos cœurs.

Ah! du moins laissez-moi vous dire que les épileptiques, avec le mal qui les atteint et le préjugé qui les accable, ce sont des êtres sans avenir sur la terre, où tout semble les fuir, et où tout se dérobe sous leurs pieds; des êtres sans espérance, que la science et l'art déconcertés livrent à l'empire d'un mal dont ils n'ont pu sonder le mystère ni vaincre l'énergie ; des êtres sans consolation, que la famille elle-même, avec ses inépuisables dévouements et les délicatesses infinies de la tendresse et de l'amour, ne parvient pas à consoler tout à fait.

Voyez d'ici le jeune homme de vingt-cinq ans livré à la tyrannie de ce mal épouvantable : il a de la fortune, il a du talent, il a de la naissance ; que va-t-il devenir ? Demeurera-t-il seul, témoin et victime solitaire du mal qui le dévore ? Cherchera-t-il les joies de la famille avec la perspective de laisser après lui une postérité héritière d'un mal qui accable et déshonore tout ensemble ? Et s'il n'a ni la fortune, ni la naissance, ni l'héritage, est-il bien sûr seulement qu'il trouvera le travail nécessaire pour demander à ses heures de trêve la subsistance de sa vie et son pain de chaque jour ?

Voyez la jeune fille de dix-huit ans, dont la pensée et le cœur cherchent les horizons de son avenir ! Un accident imprévu, une chute soudaine a trahi en elle la présence de ce mal caduc qui la saisit dans la fleur de sa vie et sous le soleil de son printemps ! Pauvre enfant, qu'allez-vous devenir? Cachez-vous dans votre demeure, entrez dans le secret de votre oratoire, et n'en sortez plus ; cherchez là l'unique consolateur de ceux qui souffrent de telles douleurs ; prenez dans vos deux mains Jésus-Christ crucifié, pleurez sur ses pieds, pleurez sur son cœur surtout ! Une seule ressource vous demeure, faire sortir votre joie du fond de votre douleur !

Mais, hélas ! il faut en convenir, tous n'ont pas le secret de ces consolations divines, et ceux même qui les connaissent ne savent pas toujours puiser la joie à ces sources du Sauveur. Ah ! n'y aura-t-il pas quelque part un asile ouvert à cette douleur sans égale ? Toutes les misères de la terre trouvent un toit pour les abriter, des mains pour les secourir, des cœurs pour les consoler ; dites, n'y aura-t-il pas un asile pour recevoir, des mains pour servir, des cœurs pour consoler mes frères et mes sœurs les épileptiques? Ah! le ciel en soit béni ! oui, cet asile va s'ouvrir, ces mains sont prêtes, et ces cœurs viennent à leur rencontre. Gloire à la charité! un rejeton nouveau pousse aujourd'hui sur l'arbre toujours jeune du dévouement chrétien. Dans la petite ville de Tain (1), grâce à l'initiative, au courage, au dévouement et aux sacrifices d'un homme généreux, un établissement s'élève, où ces malheureux jusqu'ici délaissés viendront trouver le soulagement de leur mal et la consolation de leur douleur. Je ne nommerai pas ici cet homme dans la gloire de son bienfait; Dieu le publiera un jour dans la gloire de sa récompense.

Près de ce coteau célèbre où la Providence prépare une liqueur précieuse qui embellit les festins et fait la joie des heureux, cette même Providence prépare aujourd'hui par les mains de la charité un asile où les plus à plaindre de tous les malheureux viendront en grand nombre bénir à la fois l'amour de Dieu et l'amour des hommes, conspirant ensemble pour les abriter, les consoler, les guérir. On dit que sur ce même coteau où croît le vin de l'Ermitage, Dieu a caché, dans la séve d'une plante,

(1) Département de la Drôme, près de Valence.

une vertu secrète dont une expérience déjà traditionnelle a constaté l'efficacité sur une multitude de malades. Là même, au pied de la colline, un grand local va s'ouvrir pour étendre au plus grand nombre possible ce bienfait de la Providence. Le ministère de charité et de dévouement qu'il exige est confié aux Filles de Saint-Vincent de Paul, dont les bras et le cœur s'étendent encore pour embrasser une misère de plus. C'est vous donner assez la garantie de son avenir et le gage de son succès. Mais cette œuvre, pour se fonder dans des proportions en rapport avec la grandeur de son but, a besoin de votre secours : elle invoque aujourd'hui, et pour cette fois seulement, le secours de votre charité ; elle vous demande de lui accorder, avec le don de votre aumône, le concours de votre sympathie. Si j'avais des droits à votre reconnaissance, je vous tendrais la main pour vous demander en faveur de mes frères un retour de gratitude ! Mais je n'en ai pas besoin. L'amour de Jésus-Christ est dans vos cœurs ; il y a vaincu l'Égoïsme : laissez jaillir, large et profonde, sur la misère que j'ai montrée, la source de vos dévouements ; et que l'effusion progressive d'une charité puisée comme à sa source au cœur de Jésus-Christ, récompense un discours qui a voulu vous montrer tous les progrès sortant de l'amour de Jésus-Christ par la ruine de l'Égoïsme, et le dévouement chrétien s'élevant à leur sommet comme le couronnement de tous.

TABLE DES MATIÈRES

www.ingramcontent.com/pod-product-compliance
Lightning Source LLC
LaVergne TN
LVHW011943220826
846092LV00001B/75

9782329558509